데이터 파이프라인
핵심 가이드
성공적인 데이터 분석을 위한
인프라 설계와 구축

데이터 파이프라인
핵심 가이드
성공적인 데이터 분석을 위한 인프라 설계와 구축

지은이 제임스 댄스모어

옮긴이 정현아, 조이정

펴낸이 박찬규   엮은이 최용   디자인 북누리   표지디자인 Arowa & Arowana

펴낸곳 위키북스   전화 031-955-3658, 3659   팩스 031-955-3660

주소 경기도 파주시 문발로 115 세종출판벤처타운 311호

가격 20,000   페이지 236   책규격 175 x 235mm

초판 발행 2022년 02월 18일
ISBN 979-11-5839-304-5 (93000)

등록번호 제406-2006-000036호   등록일자 2006년 05월 19일
홈페이지 wikibook.co.kr   전자우편 wikibook@wikibook.co.kr

데이터 파이프라인 핵심 가이드

성공적인 데이터 분석을 위한 인프라 설계와 구축

제임스 댄스모어 지음

정현아, 조이정 옮김

머리말

데이터 파이프라인은 데이터 분석 및 머신러닝의 성공을 위한 기반이다. 수많은 다양한 소스로부터 데이터를 가져오고 컨텍스트 제공을 위해 처리하는 것은 데이터 소유를 넘어 데이터로부터 가치를 얻는다는 점에서 차이가 난다.

나는 10년 이상 데이터 분석가이자 데이터 엔지니어, 데이터 분석 분야의 리더로 일했다. 그동안 현장에서 급격한 변화와 성장을 목격했다. 클라우드 인프라, 특히 클라우드 데이터 웨어하우스의 등장으로 데이터 파이프라인이 설계 및 구현되는 방식을 다시 생각해볼 기회가 생겼다.

이 책에서는 현대 데이터 파이프라인을 구축하기 위한 토대와 모범 사례를 설명한다. 저자가 직접 경험한 것과 저자가 따르는 업계 리더들의 경험을 바탕으로 의견을 정리하고 관찰했다.

내 목표는 이 책이 청사진이자 참고 자료가 되는 것이다. 독자들의 요구 사항은 독자가 속한 조직과 해결하고자 하는 문제에 따라 다를 수 있지만, 나는 이러한 기반 지식을 조금씩 다르게 적용하여 여러 번 성공한 경험이 있다. 데이터 조직을 강화하는 데이터 파이프라인을 구축 및 유지 관리하는 여정에서 이 자료가 귀중한 리소스가 되길 바란다.

이 책의 주요 독자

이 책의 주요 독자는 데이터 파이프라인이 무엇이며 어떻게 구현되는지 이해하고자 하는 데이터 엔지니어와 분석팀 구성원이다. 관련 직책에는 데이터 엔지니어, 기술 리드, 데이터 웨어하우스 엔지니어, 분석 엔지니어, 비즈니스 인텔리전스 엔지니어, 이사/VP 수준 분석 리더가 포함된다.

따라서 독자가 데이터 웨어하우스 개념에 대한 기본적인 이해가 있다고 가정했다. 논의된 예제를 구현하려면 SQL 데이터베이스, REST API 및 JSON에 익숙해야 한다. 또한 파이썬과 같은 스크립트 언어에 능숙해야 한다. Linux 명령줄 및 하나 이상의 클라우드 컴퓨팅 플랫폼에 대한 기본 지식이 있는 것이 이상적이다.

모든 코드 예제는 파이썬 및 SQL로 작성되었으며 많은 오픈 소스 라이브러리를 사용한다. Amazon Web Services (AWS)를 사용하여 책에 설명된 기술을 시연했고 많은 코드 예제에서 AWS 서비스를 사용했다. 또한 가능한 경우 Microsoft Azure 및 Google Cloud Platform(GCP)과 같은 다른 주요 클라우드 제공업체의 유사한 서비스를 기록해 두었다. 모든 코드 예제는 독자가 사용하는 클라우드 제공업체나 온프레미스 용도로 수정하여 사용할 수 있다.

이 책의 표기 규칙

이 책에서는 다음과 같은 표기 규칙을 사용한다.

굵은 글꼴

새로운 용어와 중요한 내용, 파일 이름 및 파일 확장자를 나타낸다.

코드체 (Constant width)

변수 또는 함수 이름, 데이터베이스, 데이터 유형, 환경 변수, 명령문 및 키워드와 같은 프로그램 요소를 참조하는 단락뿐만 아니라 프로그램 목록, URL 및 이메일 주소에 사용된다.

코드 예제 사용

예제 코드는 아래 위키북스나 원서 깃허브 사이트에서 내려받을 수 있다.

- https://github.com/wikibook/dppr
- https://github.com/jamesdensmore/datapipelinesbook

이 책은 독자의 업무에 도움을 주기 위한 것이다. 일반적으로 이 책에 포함된 예제 코드들은 프로그램과 문서에 활용할 수 있다. 코드의 상당 부분을 재생산하는 것이 아닌 이상 허가를 받기 위해 당사에 연락할 필요는 없다. 예를 들어, 이 책의 여러 코드 조각을 사용하는 프로그램을 작성하는 데는 권한이 필요하지 않다. 하지만 O'Reilly 책에 포함된 예제를 판매하거나 배포하려면 허가가 필요하다. 또 이 책을 인용하고 예제 코드를 인용하여 질문에 답하는 것은 허가가 필요하지 않다. 하지만 이 책의 상당한 양의 예제 코드를 제품 설명서에 통합하려면 허가가 필요하다.

당사는 저작자 표시를 높이 평가하지만 일반적으로 요구하지 않는다. 저작자 표시에는 일반적으로 제목, 저자, 발행인 및 ISBN이 포함되며 예를 들면 다음과 같다.

"James Densmore(O'Reilly)의 Data Pipelines Pocket Reference. Copyright 2021 James Densmore, 978-1-492-08783-0."

코드 예제의 사용이 공정 사용 또는 위에 제공된 권한에 해당하지 않는다고 생각되면 언제든지 permissions@oreilly.com으로 문의하기 바란다.

언뜻 생각하기에 데이터 분석은 분석하고 싶은 데이터와 분석하려는 방법만 잘 알면 원하는 결과를 얻을 수 있겠다는 생각이 듭니다.

하지만 실제 분석 프로젝트를 진행하다 보면 결국 지속적인 데이터 분석의 성공을 위해서는 분석 방법만큼이나 잘 구성된 데이터 파이프라인 구성이 필수라는 것을 어렵지 않게 알 수 있습니다. 데이터 분석이 잘 이뤄지기 위해서는 분석에 필요한 형태로 잘 정리된 데이터가 필요하고, 원하는 분석 결과를 얻기 위해서는 적합한 기간의 정확한 데이터가 필요합니다. 그리고 이런 높은 품질의 좋은 데이터는 기다리고 있었다는 듯 하늘에서 뚝 떨어지지 않습니다. 잘 구성된 데이터 파이프라인 안에서만 만들어질 수 있습니다.

데이터가 막 생겨나고 있는 작은 시스템부터 이미 복잡하게 연결된 대용량 데이터를 다루는 큰 시스템까지 그 속에서 데이터에 대한 고민이 있는 엔지니어라면 이 책을 통해 많은 도움을 받을 수 있습니다. 이 책에서는 데이터 파이프라인의 전반적인 소개와 패턴을 다룹니다. 또한 여러분이 데이터 파이프라인 각 단계를 처음 계획할 때부터 구성 후 검증하고 유지 관리하는 전체 과정에서 고려할 점들과 활용할 수 있는 예시 코드를 함께 제공합니다.

이 책을 번역하면서 데이터 파이프라인의 모든 단계에 대해 기초부터 탄탄하게 다지는 기분을 느낄 수 있었습니다. 이 책을 읽는 독자분들도 이 책과 함께 데이터 파이프라인의 가치를 진정으로 이해하고 도움이 되는 방향으로 잘 활용할 수 있기를 바랍니다.

마지막으로 좋은 책을 번역할 수 있게 도와주신 모든 관계자분께 감사 인사를 전합니다.

데이터 파이프라인
소개

모든 화려한 대시보드와 머신러닝 모델, 그리고 비즈니스를 변화시키는 통찰력 뒤에는 데이터가 있다. 원본 데이터뿐만 아니라 가치를 제공하기 위해 수많은 소스에서 수집되어 정리, 처리 및 결합된 데이터다. 이미 사실로 입증된 "데이터는 새로운 석유다"라는 유명한 말처럼, 데이터의 진정한 가치는 그것이 정제되어 소비자에게 전달된 후의 잠재력에 있다. 또한 석유와 마찬가지로 가치 사슬의 각 단계를 통해 데이터를 전달하려면 효율적인 파이프라인이 필요하다.

이 책에서는 이러한 데이터 파이프라인이 무엇인지 이야기하고 현대의 데이터 생태계에 어떻게 적용되는지 보여준다. 일괄 처리 vs. 스트리밍 데이터 수집, 직접 구축하는 것 vs. 제품을 구매하는 것 등과 같이 파이프라인을 구현할 때의 일반적인 고려 사항과 주요 결정 사항을 다룬다. 단일 언어나 플랫폼에만 국한하지 않고 자체 개발한 솔루션, 오픈 소스 프레임워크, 상용 제품에 적용되는 기본 개념을 이야기하면서 데이터 전문가들이 내리는 가장 일반적인 결정에 대해 이야기한다.

데이터 파이프라인이란?

데이터 파이프라인은 다양한 소스에서 새로운 가치를 얻을 수 있는 대상으로 데이터를 옮기고 변환하는 일련의 과정이다. 이는 분석, 리포팅, 머신러닝 능력의 기초가 된다.

데이터 파이프라인의 복잡성은 원본 데이터의 크기와 상태, 구조 및 분석 프로젝트의 요구사항에 따라서도 달라진다. 가장 단순한 형태의 파이프라인은 REST API처럼 단일 소스에서 데이터를 추출하고 데이터 웨어하우스의 SQL 테이블과 같은 대상으로 데이터를 로드하는 것이다. 그러나 실제로 파이프라인은 일반적으로 데이터 추출, 데이터 가공, 데이터 유효성 검사를 포함한 여러 단계로 구성되며, 때로는 데이터를 최종 목적지로 전달하기 전에 머신러닝 모델을 학습하거나 실행하는 단계가 있기도 하다. 파이프라인에는 여러 시스템과 프로그래밍 언어의 작업이 포함되는 경우가 많다. 또한 데이터 팀은 일반적으로 종속성을 공유하고 조정해야 하는 수많은 데이터 파이프라인을 소유하고 유지한다. 그림 1-1은 간단한 파이프라인을 보여준다.

그림 1-1. 서버 로그 데이터를 S3 버킷에 로드하고 몇 가지 기본 처리 및 구조를 수행한 다음, 결과를 Amazon Redshift 데이터베이스에 로드하는 간단한 파이프라인

누가 파이프라인을 구축할까?

클라우드 컴퓨팅과 SaaS(Software as a Service)가 대중화되면서 조직에서 파악해야 할 데이터 소스가 폭발적으로 증가하고 있다. 동시에 머신러닝 모델과 데이터 과학 연구, 시간에 민감한 통찰력을 제공하는 데이터에 대한 수요도 그 어느 때보다 높아졌다. 이에 대응하기 위해 **데이터 엔지니어링**은 분석 팀의 핵심 역할로 부상했다. **데이터 엔지니어**는 분석 생태계를 뒷받침하는 데이터 파이프라인을 구축하고 유지관리하는 데 전문적인 역량을 갖추고 있다.

데이터 엔지니어의 목적은 단순히 데이터를 데이터 웨어하우스에 로드하는 것이 아니다. 데이터 엔지니어는 데이터 과학자 및 분석가와 긴밀히 협력하여 데이터를 어떻게 처리해야 하는지 파악하고 요구사항을 확장 가능한 프로덕션 상태로 전환하는 데 도움을 준다.

데이터 엔지니어는 제공하는 데이터의 유효성과 적시성을 보장하는 데 자부심을 가지고 있다. 즉, 무엇인가 잘못되었을 때를 대비하여 테스트, 경고 및 비상 계획을 수립한다. 그리고 어김없이 결국에는 무엇인가 잘못된다!

데이터 엔지니어의 특정 기술은 조직에서 사용하는 기술 스택에 따라서 달라진다. 하지만 모든 우수한 데이터 엔지니어가 보유하고 있는 몇 가지 공통적인 기술이 있다.

SQL과 데이터 웨어하우징 기초

데이터 엔지니어는 데이터베이스를 쿼리하는 방법을 알아야 하고 SQL은 이를 가능하게 해주는 보편적인 언어다. 숙련된 데이터 엔지니어는 고성능의 SQL 작성 방법을 알고 데이터 웨어하우징 및 데이터 모델링의 기본 사항을 이해한다. 데이터 팀에 데이터 웨어하우징 전문가가 있다고 해도 웨어하우징 기본 지식을 갖춘 데이터 엔지니어가 더 나은 파트너가 될 수 있으며 더 복잡한 기술 격차를 해소해줄 수 있다.

파이썬 그리고/또는 자바

데이터 엔지니어가 능숙하게 사용하는 언어는 팀에서 사용하는 기술 스택에 따라 달라지지만, 어느 쪽이든 데이터 엔지니어가 좋은 툴을 보유하고 있더라도 '코드 없이' 작업을 수행할 수는 없다. 파이썬과 자바가 현재 데이터 엔지니어링에서 우위를 점하고 있지만 고(Go)와 같은 신예들이 등장하고 있다.

분산 컴퓨팅

데이터 양이 많아지고 데이터를 신속하게 처리하고자 하는 요구사항이 늘어나면서 데이터 엔지니어들은 분산 컴퓨팅 플랫폼을 사용하기 시작했다. 분산 컴퓨팅은 여러 시스템의 성능을 결합하여 대량의 데이터를 효율적으로 저장, 처리 및 분석한다.

분석에서 분산 컴퓨팅의 대표적인 예는 하둡 분산 파일 시스템(HDFS)을 통한 분산 파일 스토리지, 맵리듀스를 통한 처리, 피그(pig)를 통한 데이터 분석 등을 포함하는 하둡 에코시스템이다. 아파치 스파크는 하둡을 빠르게 능가하는 또 다른 인기 분산 처리 프레임워크다.

모든 데이터 파이프라인이 분산 컴퓨팅을 사용해야 하는 것은 아니지만, 데이터 엔지니어는 이러한 프레임워크를 언제 어떻게 활용해야 하는지 알아야 한다.

기본 시스템 관리

데이터 엔지니어는 리눅스 명령줄에 능숙해야 하며 응용 프로그램 로그 분석, 크론 작업 예약, 방화벽 및 기타 보안 설정의 문제 해결과 같은 작업을 수행할 수 있어야 한다. AWS나 Azure, Google Cloud와 같은 클라우드 제공업체에서 전반적으로 작업하는 경우에도 해당 기술을 사용해서 클라우드 서비스와 함께 데이터 파이프라인을 배포하게 된다.

목표 지향적 사고방식

좋은 데이터 엔지니어는 기술력만 가지고 있는 것이 아니다. 그들은 이해관계자들과는 정기적으로 만나지는 않더라도, 팀의 분석가와 데이터 과학자와는 분명 정기적으로 만날 것이다. 데이터 엔지니어가 파이프라인을 구축하는 이유를 알 때 더 나은 아키텍처 결정을 내릴 수 있다.

왜 데이터 파이프라인을 구축할까?

지나가는 배가 빙산의 일각만 볼 수 있는 것과 마찬가지로 분석 워크플로의 최종 결과물만이 대다수 조직이 보는 전부다. 경영진은 대시보드와 깨끗한 차트를 본다. 그리고 마케팅은 소셜 미디어에서 깔끔하게 포장된 통찰력을 공유한다. 고객 지원 부서는 예측 수요 모델의 산출물을 기반으로 콜 센터 직원을 최적화한다.

분석 외부에 있는 대부분 사람들은 자신에게 보이는 것을 생성하기 위해 보이지 않는 복잡한 기계가 있다는 것을 인식하지 못한다. 데이터 분석가가 생성하는 모든 대시보드와 통찰력, 그리고 데이터 과학자가 개발한 각 예측 모델에는 뒷단에서 작동하는 데이터 파이프라인이 있다. 단일 대시보드 또는 단일 지표가 여러 소스 시스템에서 생성되는 데이터에서 파생되는 경우는 아주 흔하다. 또한 데이터 파이프라인은 단순히 원본에서 데이터를 추출하여 분석가가 사용할 수 있도록 단순한 데이터베이스 테이블이나 플랫 파일로 로드하는 것 이상을 수행한다. 원본 데이터는 정리, 정형화, 정규화, 결합, 집계, 그리고 때로는 마스킹 또는 보안을 위해 정제된다. 다시 말해, 우리가 보는 물 아래쪽에서 훨씬 더 많은 일이 일어난다.

TIP 분석가와 데이터 과학자에게 데이터 제공하기

데이터 분석가 및 데이터 과학자가 들어오는 프로젝트마다 별도로 데이터를 찾고 조달할 필요가 없다. 오래된 데이터 처리와 다양한 정보 출처, 데이터 준비에 분석 재능을 낭비할 위험이 너무 크다. 데이터 파이프라인은 적절한 데이터가 제공되도록 보장하여 나머지 분석 조직이 가장 잘 하는 일, 즉 통찰력 제공에 집중할 수 있게 한다.

어떻게 데이터 파이프라인을 구축할까?

데이터 엔지니어의 등장과 함께 최근 데이터 파이프라인을 구축하고 지원하기 위한 수많은 툴이 등장하고 있다. 오픈소스도 있고, 상업용도 있고, 자체 개발 제품도 있다. 일부 파이프라인은 파이썬으로 작성됐고 일부는 자바로 작성됐으며 일부는 다른 언어로 작성됐으며 코드가 없는 것도 있다.

이 책을 통해 파이프라인 구축을 위한 가장 인기 있는 솔루션 및 프레임워크를 살펴보고 조직의 요구 사항과 제약 조건에 따라 어떤 제품을 사용할지 결정하는 방법을 알아본다.

이러한 제품을 모두 자세히 다루지는 않지만 일부 솔루션에 대한 예제와 샘플 코드를 제공한다. 이 책의 모든 코드는 파이썬과 SQL로 작성되었다. 두 언어가 데이터 파이프라인을 구축하기 위한 가장 일반적이고 가장 접근하기 쉬운 언어라고 생각한다.

또한 파이프라인은 단순히 구축되는 것이 아니라 모니터링, 유지 관리 및 확장된다. 데이터 엔지니어는 데이터를 한 번만 제공하는 것이 아니라 파이프라인을 구축하고 이를 안정적이고 안전하게 제시간에 제공하고 처리하는 인프라를 지원해야 한다. 작은 일은 아니지만 잘 수행하면 조직 데이터의 가치를 진정으로 실현할 수 있다.

02

최신 데이터
인프라

파이프라인을 구축하기 위한 제품과 설계를 결정하기 전에 최신 데이터 스택을 구성하는 요소를 이해할 필요가 있다. 대부분 기술과 마찬가지로 분석 생태계를 설계하거나 제품 및 공급업체를 선택하는 방법은 다양할 수 있다. 하지만 업계 표준이 되어 파이프라인 구현에 있어 모범 사례의 발판을 마련한 몇 가지 핵심 요구 사항과 개념은 있다.

그림 2-1에 있는 인프라의 주요 구성 요소를 살펴보겠다. 이후 장에서는 각 구성요소가 데이터 파이프라인의 설계 및 구현에 어떻게 영향을 미치는지 살펴보겠다.

데이터 소스의 다양성

대부분 조직에는 수백 개는 아니더라도 수십 개의 데이터 소스가 있으며, 이를 통해 분석 작업을 수행할 수 있다. 데이터 소스는 이 섹션에서 다루는 여러 차원에 따라 다르다.

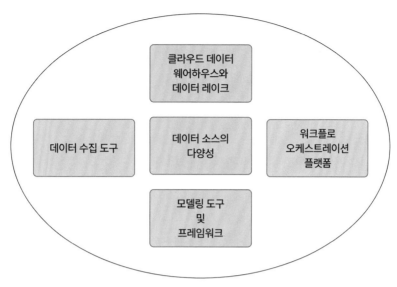

그림 2-1. 최신 데이터 인프라의 핵심 구성 요소

소스 시스템 소유권

분석 팀은 조직이 구축하고 소유한 소스 시스템과 타사 도구 및 공급업체에서 데이터를 수집하는 것이 일반적이다. 예를 들어, 전자상거래 회사는 고객 장바구니 데이터를 앱과 연결된 PostgreSQL 데이터베이스에 저장할 수 있다. 또한 Google Analytics와 같은 타사 웹 분석 도구를 사용하여 웹 사이트의 사용을 추적할 수도 있다. 두 데이터 소스(그림 2-2 참조)를 함께 사용하면 구매까지 이어지는 고객 행동을 완벽하게 파악할 수 있다. 따라서 이러한 고객 행동의 분석으로 끝나는 데이터 파이프라인은 두 소스 모두에서 데이터를 수집하면서 시작된다.

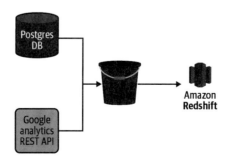

그림 2-2. 여러 소스의 데이터가 S3 버킷에 로드된 다음 Redshift 데이터베이스에 로드되는 간단한 파이프라인

데이터 수집(data ingestion)이라는 용어는 한 소스에서 데이터를 추출하여 다른 소스로 로드하는 것을 의미한다.

소스 시스템이 위치하는 곳이 어디인지를 이해하는 것은 여러 가지 이유로 중요하다. 첫째, 타사 데이터 소스에 위치한 데이터에 액세스하려고 한다면 액세스 방법에 제한이 있을 수 있다. 대부분의 솔루션 공급업체는 REST API를 통한 데이터 접근은 제공하지만 SQL 데이터베이스 형태의 데이터에까지 직접 액세스할 수 있게 해주는 공급업체는 많지 않다. 여기에 더해 액세스 가능한 데이터와 세분 수준까지 사용자 환경에 맞게 지정하기란 더욱 어렵다.

내부적으로 구축된 시스템은 액세스 방법뿐만 아니라 데이터를 사용자가 필요로 하는 형태에 맞추어 정의하는 등의 더 많은 기회를 분석 팀에 제공할 수 있다. 하지만 시스템을 구축할 때 데이터 수집을 고려하여 설계했는지는 또 다른 문제다. 데이터 수집이 시스템에 의도하지 않는 부하를 가하는지부터 데이터를 점진적(incremental)으로 로드할 수 있는지 여부까지 다양한 과제가 발생하기 때문이다. 운이 좋다면 소스 시스템을 소유한 엔지니어 팀이 시간을 내어 협력할 수도 있겠지만, 리소스가 제한적이기 때문에 실제로는 외부 공급업체와 일하는 것과 크게 다르지 않을 수도 있다.

수집 인터페이스 및 데이터 구조

소스 데이터를 소유한 사람이 누구든 관계없이 데이터 엔지니어가 새로운 데이터 수집을 구축할 때 데이터 엔지니어가 가장 먼저 알아볼 것은 소스 데이터를 얻는 방법과 형식이다. 우선, 데이터에 대한 인터페이스가 무엇인지 살펴봐야 한다. 가장 일반적인 것은 다음과 같다.

- Postgres 또는 MySQL 데이터베이스와 같은 애플리케이션 뒤에 있는 데이터베이스
- REST API와 같은 시스템 상단의 추상화 계층
- Apache Kafka와 같은 스트림 처리 플랫폼
- 로그, 쉼표로 구분된 값 (csv) 파일 및 기타 플랫 파일을 포함하는 공유 네트워크 파일 시스템(NFS) 또는 클라우드 스토리지 버킷
- 데이터 웨어하우스 또는 데이터 레이크
- HDFS 또는 HBase 데이터베이스의 데이터

인터페이스뿐만 아니라 데이터 구조도 다양하다. 다음은 몇 가지 일반적인 예다.

- REST API의 JSON

- MySQL 데이터베이스의 잘 구성된 데이터

- MySQL 데이터베이스 테이블의 열 내의 JSON

- 반정형화된 로그 데이터

- CSV, 고정 폭 형식(FWF) 및 기타 플랫 파일 형식

- 플랫 파일의 JSON

- Kafka의 스트림 출력

각 인터페이스와 데이터 구조는 각각의 도전 과제와 기회를 동시에 가지고 있다. 잘 구성된 데이터는 작업하기는 가장 쉬울 수 있지만, 그런 데이터는 일반적으로 애플리케이션이나 웹 사이트를 위해서 정형화되어 있다. 분석 프로젝트에 더 적합한 형태로 정형화하기 위해서는 데이터 수집 이 외에도 클렌징, 변환 작업 등의 추가 단계가 파이프라인에서 필요할 수 있다.

JSON과 같은 반정형 데이터가 점점 보편화 되고 있으며 속성–값 구조와 객체의 중첩(nesting) 구조의 이점을 가지고 있다. 하지만 관계형 데이터베이스와 달리 같은 데이터세트 안의 데이터 구조가 모두 동일하다는 보장은 없다. 이 책의 뒷부분에서 다루는 것처럼, 파이프라인에서 누락되거나 불완전한 데이터를 처리하는 방법은 상황에 따라 달라지며 데이터의 유연성이 증가할수록 점점 더 많이 필요하다.

비정형 데이터는 일부 분석 작업에 흔히 사용된다. 예를 들어, 자연어 처리(NLP) 모델은 교육 및 검증 작업을 위해 방대한 양의 텍스트 데이터를 필요로 한다. 컴퓨터 비전(CV) 프로젝트에는 이미지와 비디오 콘텐츠가 필요하다. 웹 페이지에서 데이터를 스크랩하는 것과 같이 비교적 간단한 프로젝트에서도 웹 페이지의 반정형화된 HTML 마크업 외 웹상의 텍스트 데이터를 필요로 한다.

데이터 사이즈

데이터 엔지니어와 고용 관리자는 모두 페타바이트 규모의 데이터세트를 자랑하는 것을 좋아하지만 실제로는 대부분의 조직에서 큰 데이터보다 작은 데이터세트를 더 중요하게 생각한다. 또

한 크고 작은 데이터세트를 함께 수집하고 모델링하는 것이 일반적이다. 파이프라인의 각 단계를 설계할 때 데이터 사이즈를 고려해야 하지만 사이즈가 크다고 가치가 높은 것은 아니다.

즉, 대부분 조직에는 분석 요구 사항과 대용량 데이터 모두에 핵심적인 데이터세트가 하나 이상 있다. **대용량 데이터**란 무엇일까? 쉽게 정의하기는 어렵지만, 파이프라인에 관련해서 데이터를 **대용량과 소용량**, 두 가지로만 나눠서 생각하기보다는 스펙트럼 측면에서 생각하는 것이 좋다.

 이 책에서 볼 수 있듯이, 데이터 수집 및 처리를 지나치게 단순화하는 것은 데이터의 양이나 작업의 복잡성이 낮음에도 파이프라인 작업을 과도하게 복잡하게 하는 것만큼 위험하다. 결과적으로 길고 비효율적인 실행이 될 수 있다.

데이터 클렌징 작업과 유효성 검사

데이터 소스가 매우 다양하듯이, 소스 데이터의 품질도 매우 다양하다. "가비지 인, 가비지 아웃(garbage in, garbage out)"이라는 이야기가 있다. 소스 데이터의 한계와 결함을 이해하고 파이프라인의 적절한 부분에서 해결해주는 것이 중요하다.

'지저분한 데이터'에는 많은 공통적인 특성이 있다.

- 중복되거나 모호한 레코드
- 고립된 레코드
- 불완전하거나 누락된 레코드
- 텍스트 인코딩 오류
- 일치하지 않는 형식(예: 대시(–)가 있는 전화 번호와 없는 전화번호)
- 레이블이 잘못되었거나 레이블이 지정되지 않은 데이터

물론 소스 시스템에는 데이터 유효성 문제 외에도 수많은 다른 문제가 있다.

데이터 클렌징과 유효성을 보장해주는 마법의 주문은 없지만, 현재 데이터 생태계에는 주요 특성과 접근 방식이 있고, 그 내용을 이 책에서 다룰 것이다.

최악을 가정하고 최상을 기대하라

순수한 데이터는 학술 문헌에만 존재한다. 입력 데이터세트에 수많은 유효성 및 일관성 문제가 있지만 깨끗한 출력을 위해 데이터를 식별하고 정리하는 파이프라인을 구축한다고 가정한다.

가장 적합한 시스템에서 데이터를 정리하고 검증하라

파이프라인에서 나중에 데이터를 정리할 때까지 기다리는 것이 좋을 때가 있다. 예를 들어, 최신 파이프라인은 데이터 웨어하우징에 대해 추출-변환-로드(ETL) 접근방식보다는 추출-로드-변환(ELT) 접근방식을 따르는 경향이 있다(자세한 내용은 3장 참고). 때로는 데이터를 원본 그대로 데이터 레이크에 로드하고 나중에 파이프라인에서 정형화 및 정리에 대해 걱정하는 것이 좋을 수 있다. 데이터 클렌징과 검증 프로세스를 서두르지 말고 올바른 작업에 올바른 도구를 사용한다.

자주 검증하라

파이프라인의 데이터를 초기에 정리하지 않았을 때 데이터 검증을 파이프라인이 끝날 때까지 기다리지 않아야 한다. 파이프라인이 끝날 때 데이터를 검증하면 어디에서 문제가 발생했는지 파악하기가 어렵다. 반대로, 파이프라인 초기에 데이터 검증을 했다고 해도 이후 단계에서 모든 것이 잘 진행될 것이라고 가정하지 말아야 한다. 8장에서 데이터 유효성 검증에 대해 자세히 설명한다.

소스 시스템의 지연 시간 및 대역폭

소스 시스템에서 대량의 데이터를 자주 추출하는 것은 최신 데이터 스택의 일반적인 사용 사례다. 그러나 그렇게 하는 것은 실제로 어려운 일이다. 파이프라인의 데이터 추출 단계는 API 속도 제한, 연결 시간 초과, 느린 다운로드 및 시스템에 대한 부담으로 인해 소스 시스템의 소유자가 불만이 생기게 만들 수 있다.

> 4장과 5장에서 더 자세히 설명하겠지만, 대부분 데이터 파이프라인에서는 데이터 수집이 첫 번째 단계다. 따라서 소스 시스템과 해당 데이터의 특성을 이해하는 것이 파이프라인을 설계하고 인프라와 관련된 결정을 내리는 첫 번째 단계다.

클라우드 데이터 웨어하우스 및 데이터 레이크

지난 10년 넘게 분석 및 데이터 웨어하우징 환경을 변화시킨 세 가지 요소는 모두 주요 퍼블릭 클라우드 공급업체(Amazon, Google, Microsoft)의 등장과 관련이 있다.

- 클라우드에서 데이터 파이프라인, 데이터 레이크, 웨어하우스 및 분석 처리 **구축 및 배포**가 쉬워짐. 더 이상 IT 부서와 대규모 초기 비용에 대한 예산을 기다릴 필요가 없어짐. 클라우드 공급업체에서 관리해주는 관리 서비스(특히 데이터베이스)가 주류가 됨.
- 지속적인 클라우드 내 스토리지 비용 감소.
- Amazon Redshift, Snowflake 및 Google Big Query와 같은 확장성이 뛰어난 열 기반 데이터베이스의 등장.

이러한 변화는 데이터 웨어하우스에 새로운 생명을 불어넣었고 데이터 레이크의 개념을 도입했다. 5장에서 데이터 웨어하우스와 데이터 레이크에 대해 좀 더 자세히 다루지만, 현재 데이터 생태계에서 이들의 위치를 명확히 하기 위해 지금 두 가지 모두를 간략히 정의해 보겠다.

데이터 웨어하우스는 사용자가 원하는 질문에 대답할 수 있는 데이터 분석 활동을 지원하기 위해 서로 다른 시스템의 데이터가 모델링되어 저장되는 데이터베이스다. 데이터 웨어하우스의 데이터는 리포팅 및 분석 쿼리를 위해 정형화되고 최적화된다.

데이터 레이크는 데이터가 저장되지만 데이터 웨어하우스처럼 데이터 구조나 쿼리 최적화가 필요 없는 곳이다. 여기에는 다양한 데이터 유형뿐만 아니라 대량의 데이터가 포함될 가능성이 높다. 예를 들어, 단일 데이터 레이크에는 텍스트 파일로 저장된 블로그 게시물 모음, 관계형 데이터베이스에서 추출된 플랫 파일 및 산업 시스템의 센서에서 생성된 이벤트를 포함하는 JSON 개체가 포함될 수 있다. 표준 데이터베이스처럼 정형화된 데이터를 쿼리하는 데 최적화되지는 않았지만 리포팅 및 분석을 위해 이러한 데이터를 저장할 수도 있다.

동일한 데이터 생태계에서 데이터 웨어하우스와 데이터 레이크 모두를 수용할 수 있는 공간이 있으며, 데이터 파이프라인이 둘 사이에서 데이터를 이동하는 경우가 많다.

데이터 수집 도구

한 시스템에서 다른 시스템으로 데이터를 수집할 필요성은 거의 모든 데이터 파이프라인에 공통적이다. 이 장의 앞에서 설명한 것처럼 데이터 팀은 데이터를 수집할 다양한 데이터 소스를 생각해야 한다. 다행히도 최신 데이터 인프라에서는 많은 상용 및 오픈 소스 도구를 사용할 수 있다.

이 책에서는 다음과 같은 가장 일반적인 도구 및 프레임워크에 대해 설명한다.

- Singer

- Stitch

- Fivetran

이러한 툴이 널리 보급되어 있음에도 불구하고 일부 팀은 데이터를 수집하기 위해 사용자 지정 코드를 구축하기로 결정하기도 하고 일부는 자체 프레임워크를 직접 개발하기도 한다. 이유는 조직마다 다르지만 대부분 비용, 직접 구축하는 것을 선호하는 분위기, 외부 공급업체 신뢰에 따른 법적, 보안적 위험에 대한 우려와 관련된 경우가 많다. 5장에서 데이터 수집 도구에 대해 직접 구축하는 것과 구매하는 것을 비교해 보는 시간을 갖는다. 이때 특히 중요한 것은 상용 제품의 가치를 어디에 두느냐다. 데이터 엔지니어가 데이터를 파이프라인에 더 쉽게 수집할 수 있도록 지원하는 제품이 필요할 수도 있고, 데이터 엔지니어가 아니더라도(예: 데이터 분석가) 직접 수집을 구축할 수 있도록 지원하는 제품이 필요할 수도 있다.

4장과 5장에서도 설명하지만, 데이터 수집은 전통적으로 ETL 또는 ELT 프로세스의 추출 및 로드 단계다. 일부 도구는 이러한 단계에만 집중하는 반면, 어떤 도구는 사용자에게 몇 가지 변환 기능도 제공하다. 실제로 대부분 데이터 팀은 데이터 수집 중 수행하는 변환 횟수를 제한하기 때문에 소스로부터 데이터를 추출하고 대상에 로드하는 두 가지 기능을 갖춘 수집 도구를 사용한다.

데이터 변환 및 모델링 도구

이 장의 대부분은 소스와 목적지 간의 데이터 이동(데이터 수집)에 초점을 맞추고 있지만, 데이터 파이프라인과 데이터 이동에는 훨씬 더 많은 내용이 있다. 파이프라인은 머신러닝, 분석 및 리포팅과 같은 새로운 목적을 위해 데이터를 변환하고 모델링하는 작업으로 구성된다.

데이터 모델링과 **데이터 변환**이라는 용어는 종종 같은 의미로 사용되는 경우가 많다. 우선 두 가지 용어를 구별해서 이야기해 보겠다.

데이터 변환

데이터 변환은 ETL 또는 ELT 프로세스에서 T(Transform)에 해당하는 광범위한 용어다. 변환은 저장된 타임스탬프를 한 시간대에서 다른 시간대로 변환하는 것처럼 간단한 것일 수 있다. 또한 일부 비즈니스 로직을 통해서 집계되고 필터링된 여러 원본 열을 바탕으로 새 지표를 생성하는 더 복잡한 작업일 수도 있다.

데이터 모델링

데이터 모델링은 보다 구체적인 데이터 변환 유형이다. 데이터 모델은 데이터 분석을 위해 데이터를 이해하고 최적화된 형식으로 정형화하고 정의한다. 데이터 모델은 일반적으로 데이터 웨어하우스에서 하나 이상의 테이블로 표시된다. 데이터 모델을 생성하는 프로세스에 대해서는 6장에서 자세히 설명한다.

데이터 수집과 마찬가지로 최신 데이터 인프라에는 여러 가지 방법론과 도구가 있다. 앞에서 언급한 바와 같이 일부 데이터 수집 도구는 어느 정도 수준의 데이터 변환 기능을 제공하지만, 이러한 기능은 매우 간단한 경우가 많다. 예를 들어 **개인 식별 가능 정보(PII)**를 보호하기 위해 개인의 전자메일 주소를 최종 목적지에 저장된 해시 값으로 변환하는 것이 좋을 수 있다. 이러한 변환은 일반적으로 수집 프로세스 중에 수행된다.

좀 더 복잡한 데이터 변환 및 데이터 모델링을 위해서는 dbt(9장 참고)와 같이 작업을 위해 특별히 설계된 도구와 프레임워크를 찾는 것이 바람직하다. 또한 데이터 변환은 상황에 따라 달라지는 경우가 많으며 SQL 또는 파이썬과 같이 데이터 엔지니어 및 데이터 분석가에게 익숙한 언어로 작성할 수 있다.

분석 및 보고에 사용되는 데이터 모델은 일반적으로 SQL 또는 GUI 사용자 인터페이스를 통해 정의 및 작성된다. 구매와 직접 구축하기 두 가지 옵션에 대해 트레이드 오프가 있었던 것처럼, SQL과 GUI 도구를 사용하여 모델을 구축할 때 고려해야 할 사항이 있다. SQL은 데이터 엔지니어와 분석가 모두에게 익숙한 접근성이 높은 언어다. 이를 통해 분석가는 데이터로 직접 작업하고 필요에 따라 모델 설계를 최적화할 수 있다. 또한 거의 모든 조직에서 사용되므로 신입사원에게도 익숙할 정도로 낮은 진입장벽을 제공한다. 대부분의 경우 GUI 방식의 사용자 인터페이스가 아닌 SQL에서 데이터 모델 구축을 지원하는 변환 프레임워크를 선택하는 것이 바람직하다. 훨씬 더 많은 사용자 정의가 가능하고 개발 프로세스에 처음부터 끝까지 관여할 수 있다.

6장에서 데이터의 변환 및 모델링에 대해 자세히 설명한다.

워크플로 오케스트레이션 플랫폼

조직의 데이터 파이프라인의 복잡성과 수가 증가함에 따라 데이터 인프라에 **워크플로 오케스트레이션 플랫폼**을 도입하는 것이 중요하다. 이러한 플랫폼은 파이프라인에서 작업의 스케줄링 및 흐름을 관리해준다. 파이썬으로 작성된 데이터 수집 작업부터 하루 종일 특정 순서로 실행되어야 하는 SQL로 작성된 데이터 변환 작업에 이르기까지 12가지 작업을 수행하는 파이프라인을 상상해 보겠다. 각 작업 간의 종속성을 예약하고 관리하는 것은 간단한 과제가 아니다. 모든 데이터 팀이 이런 문제에 직면하고 있지만, 다행히도 이러한 문제를 완화할 수 있는 수많은 워크플로 오케스트레이션 플랫폼이 있다.

 워크플로 오케스트레이션 플랫폼은 **워크플로 관리 시스템(WMS), 오케스트레이션 플랫폼 또는 오케스트레이션 프레임워크**라고도 한다. 이 책에서는 이 용어를 모두 사용하겠다.

아파치 에어플로우, Luigi, AWS Glue와 같은 플랫폼은 좀 더 일반적인 용도로 설계되어 다양한 데이터 파이프라인에 사용된다. Kubeflow Pipeline과 같은 플랫폼들은 이보다 구체적인 사용 사례와 플랫폼(Kubeflow Pipeline의 경우 Docker 컨테이너에 구축된 머신러닝 워크플로)을 위해 설계되었다.

방향성 비순환 그래프

거의 모든 최신 오케스트레이션 프레임워크는 파이프라인에서 작업의 흐름과 종속성을 그래프로 나타낸다. 그러나 파이프라인 그래프에는 몇 가지 특정 제약 조건이 있다.

파이프라인 단계는 항상 **방향성**을 가진다. 즉, 하나의 작업 또는 여러 개의 작업으로 시작하고 특정 작업으로 끝난다. 이것은 실행 경로와 순서를 보장하기 위해 필요하다. 즉, 모든 종속 작업이 완료되어야만 그 다음 작업이 실행된다.

또한 파이프라인 그래프는 **비순환(acyclic)** 그래프여야 한다. 즉, 작업이 이전에 완료된 작업을 다음 작업으로 가리킬 수 없다. 쉽게 말해서, 작업은 돌아갈 수 없기 때문에 순환할 수 없고 다음으로만 갈 수 있다.

이러한 두 가지 제약 조건을 염두에 두고 오케스트레이션 파이프라인은 방향성 비순환 그래프(DaGs)라는 그래프를 생성한다. 그림 2-3은 간단한 DAG를 보여준다. 이 예에서는 작업 B와 C를 시작하려면 먼저 작업 A를 완료해야 한다. 두 작업 모두 완료되면 작업 D를 시작할 수 있다. 작업 D가 완료되면 파이프라인도 함께 완료된다.

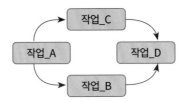

그림 2-3. 네 가지 작업이 있는 DAG. 작업 A가 완료되면 작업 B와 작업 C가 실행되고, 둘 다 완료되면 작업 D가 실행됨.

DAG는 작업들의 집합을 나타내며 작업이 수행해야 하는 실제 내용은 이 곳에 저장되어 있지 않다. 오케스트레이션 플랫폼은 모든 종류의 작업을 실행할 수 있다.

예를 들어, 세 가지 작업이 있는 데이터 파이프라인을 생각해 보면 그림 2-4와 같은 DAG로 표시할 수 있다.

- 첫 번째는 관계형 데이터베이스에서 데이터를 쿼리하고 결과를 CSV 파일에 저장하는 SQL 스크립트를 실행한다.
- 두 번째는 앞서 저장된 CSV 파일을 로드하고 정리한 다음, 데이터의 형태를 변경하고 새 버전으로 CSV 데이터를 저장한다.
- 마지막으로 두 번째 작업에서 생성된 CSV를 Snowflake 데이터 웨어하우스로 로드하기 위해 SQL에서 COPY 명령어를 실행한다.

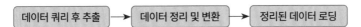

그림 2-4. SQL 데이터베이스에서 데이터를 추출하고 파이썬 스크립트를 사용하여 데이터를 정리 및 재구성한 다음, 결과 데이터를 데이터 웨어하우스에 로드하기 위해 순차적으로 실행되는 세 가지 작업이 포함된 DAG

오케스트레이션 플랫폼은 각 작업을 실행하지만 그 작업의 내용은 데이터 인프라 전반에 걸쳐서 서로 다른 시스템에서 실행되는 SQL 및 파이썬 코드로 존재하게 된다.

7장에서 워크플로 오케스트레이션 플랫폼에 대해 더 자세히 설명한다. 아파치 에어플로우에서 파이프라인을 오케스트레이션하는 실습 예제를 제공한다.

데이터 인프라 커스터마이징

데이터 인프라가 정확히 동일한 두 조직은 찾아보기 어렵다. 대부분은 특정 요구 사항을 충족하는 도구와 공급업체를 선택하고 나머지는 자체적으로 구축한다. 이 책에서 가장 인기 있는 도구와 제품에 대해 자세히 이야기하지만, 매년 더 많은 도구가 시장에 출시된다.

앞서 언급한 것처럼 조직의 문화와 리소스에 따라 대부분 데이터 인프라를 자체적으로 구축하거나 SaaS 공급 업체를 통해 구매하게 된다. 직접 구축하든 구매하든, 고품질의 데이터 파이프라인을 구축하는 데 필요한 고품질 데이터 인프라를 구축할 수 있다.

중요한 것은 제약 조건(비용, 엔지니어링 리소스, 보안 및 법적 리스크 허용 범위)과 그에 따른 트레이드오프를 이해하는 것이다. 앞으로 이 책에서 이러한 내용을 언급하고 제품 또는 도구를 선택할 때 중요한 의사 결정 사항을 설명하겠다.

03

일반적인
데이터 파이프라인 패턴

노련한 데이터 엔지니어에게도 새로운 데이터 파이프라인을 설계하는 것은 매번 새로운 여정이다. 2장에서 논의한 바와 같이, 다양한 데이터 소스와 인프라는 도전 과제이자 기회가 될 수 있다. 또한 파이프라인은 각자 다른 목표와 제약 조건을 갖게 되는데, 예를 들어 데이터를 준 실시간으로 처리해야 하는지, 매일 데이터가 업데이트될 수 있는지, 혹은 분석된 데이터를 최종적으로 시각화 대시보드나 머신러닝 모델에 대한 입력값으로 사용할지와 같은 사례를 생각해볼 수 있다.

다행히도 데이터 파이프라인에는 다양한 사용 사례로 확장 가능한 성공적인 몇 가지 공통 패턴이 있다. 이 장에서는 이러한 패턴을 정의한다. 후속 장에서는 이를 기반으로 구축된 파이프라인을 구현해볼 예정이다.

ETL과 ELT

ETL과 더 현대적인 개념인 ELT보다 더 잘 알려진 패턴은 없을 것이다. 둘 다 데이터 웨어하우징 및 비즈니스 인텔리전스에서 널리 사용되는 패턴이다. 최근 몇 년 동안 이들은 운영 환경에서 실행되는 데이터 과학 및 머신러닝 모델을 위한 파이프라인 패턴에 영감을 주었다. 심지어 많은 사람들이 이 용어를 많은 파이프라인이 따르는 패턴보다는 데이터 파이프라인 자체와 동의어로 생각하고 사용하기도 한다.

ETL과 ELT가 데이터 웨어하우징에 뿌리를 두고 있기 때문에 설명할 때도 해당 컨텍스트 내에서 하는 것이 가장 쉬울 것이다. 그리고 이 장의 뒷부분에서는 특정 유스케이스에 사용되는 방법을 설명할 것이다.

두 패턴 모두 데이터 웨어하우스에 데이터를 공급하고 분석가나 보고 도구가 이를 유용하게 쓸 수 있게 하는 데이터 처리에 대한 접근 방식이다. 이 둘의 차이점은 마지막 두 단계(변환 및 로드)의 순서다. 하지만 앞으로 설명하겠지만, 둘 사이의 선택에 있어 설계상의 의미는 상당하다. 먼저 ETL과 ELT의 단계를 살펴보겠다.

추출(extract) 단계는 로드 및 변환을 준비하기 위해 다양한 소스에서 데이터를 수집한다. 2장에서 이러한 출처의 다양성과 추출 방법에 관해 논의했다.

로드(load) 단계는 원본 데이터(ELT의 경우) 또는 완전히 변환된 데이터(ETL의 경우)를 최종 대상으로 가져온다. 어느 쪽이든 최종 결과는 데이터 웨어하우스, 데이터 레이크 또는 기타 대상에 데이터를 로드하는 것이다.

변환(transform) 단계는 분석가, 시각화 도구 또는 파이프라인이 제공하는 모든 사용 사례에 유용하게 쓸 수 있게 각 소스 시스템의 원본 데이터를 결합하고 형식을 지정하는 단계다. 이 단계에는 프로세스를 ETL로 설계했는지 ELT로 설계했는지에 관계없이 많은 내용이 있으며, 모두 6장에서 자세히 설명할 예정이다.

> 🔵 **추출과 로드의 분리**
> TIP
>
> 추출 및 로드 단계의 조합을 종종 **데이터 수집**이라고 한다. 특히 이 장의 뒷부분에서 정의할 ELT 및 EtLT 하위 패턴(중간의 t는 소문자)에서 추출 및 로드 기능은 소프트웨어 프레임워크에서 밀접하게 결합되고 함께 패키지되기도 한다. 그러나 파이프라인을 설계할 때는 서로 다른 시스템 및 인프라에서 추출 및 로드를 조정해야 하는 복잡성이 있기 때문에 두 단계를 별개로 고려하는 것이 가장 좋다.
>
> 4장과 5장에서 데이터 수집 기술을 더 자세히 설명하고 공통 프레임워크를 사용한 구현 예를 제공한다.

ETL을 넘어선 ELT의 등장

ETL은 수십 년 동안 데이터 파이프라인 패턴의 황금 표준이었다. 이 표준이 여전히 사용되고 있지만 최근에는 ELT라는 추가적인 선택지가 등장했다. 왜일까? 주로 클라우드(2장 참조)를 기반으로 하는 최신 유형의 데이터 웨어하우스 이전에는 데이터 팀이 방대한 양의 원본 데이터를 로드하고 이를 사용 가능한 데이터로 변환하는 데 필요한 스토리지나 컴퓨팅 자원이 모두 모여있는 데이터 웨어하우스에 액세스할 수 없었다.

또한 당시 데이터 웨어하우스는 트랜잭션 사용 사례에서 잘 작동하는 행 기반 데이터베이스였으나 분석에서 흔히 볼 수 있는 대용량 쿼리에는 적합하지 않았다. 따라서 데이터는 먼저 소스 시스템에서 추출된 다음 웨어하우스에 로드되어 분석가와 시각화 도구에 의한 최종 데이터 모델링 및 쿼리를 하기 전에 별도의 시스템에서 변환되었다.

오늘날 대부분의 데이터 웨어하우스는 비용 효율적인 방식으로 대규모 데이터세트에 대한 대량 변환을 저장하고 실행할 수 있는 확장성이 뛰어난 열 기반 데이터베이스를 기반으로 한다. 열 기반 데이터베이스의 I/O 효율성, 데이터 압축, 데이터 처리를 위한 여러 병렬 노드에 데이터 및 쿼리를 분산하는 기능 덕분에 상황이 바뀌었다. 따라서 이제 데이터를 추출하고 파이프라인을 완료하는 데 필요한 변환을 수행할 수 있는 데이터 웨어하우스에 로드하는 것에 집중할 수 있게 되었다.

행 기반 데이터 웨어하우스와 열 기반 데이터 웨어하우스 간의 차이가 주는 영향은 정말 크다. 그림 3-1은 레코드가 MySQL 또는 Postgres와 같은 행 기반 데이터베이스의 디스크에 저장되는 예를 보여준다. 데이터베이스의 각 행은 각 레코드의 크기에 따라 하나 이상의 블록으로 디스크에 함께 저장된다. 레코드가 단일 블록보다 작거나 블록 크기로 깔끔하게 나눌 수 없는 경우 일부 디스크 공간을 사용하지 않은 상태로 남긴다.

OrderId	CustomerId	ShippingCountry	OrderTotal
1	1258	US	55.25
2	5698	AUS	125.36
3	2265	US	776.95
4	8954	CA	32.16

Block 1	1, 1258, US, 55.25
Block 2	2, 5698, AUS, 125.36
Block 3	3, 2265, US, 776.95
Block 4	4, 8954, CA, 32.16

그림 3-1. 행 기반 저장소 데이터베이스에 저장된 테이블. 각 블록에는 테이블의 레코드(행)가 포함된다.

저장을 위해 MySQL 데이터베이스를 활용하는 전자 상거래 웹 애플리케이션과 같은 OLTP(온라인 트랜잭션 처리) 데이터베이스 사용 사례를 생각해보자. 웹 앱은 주문 확인 페이지의 주문 세부 정보와 같이 각 레코드의 여러 값을 포함하는 MySQL 데이터베이스에서 읽기 및 쓰기를 요청한다. 또한 한 번에 하나의 주문만 쿼리하거나 업데이트할 가능성이 높다. 따라서 응용 프로그램이 필요로 하는 데이터가 디스크에서 가깝게 저장되고 한 번에 쿼리되는 데이터의 양이 적기 때문에 행 기반 저장소가 최적이다.

단일 레코드를 자주 읽고 쓰는 속도가 가장 중요하기 때문에 이 경우 레코드가 블록에 빈 공간을 남기는 비효율성은 합리적인 절충안이다. 그러나 분석에서는 상황이 반대가 된다. 적은 양의 데이터를 자주 읽고 쓰는 경우보다는 많은 양의 데이터를 드물게 읽고 쓰는 경우가 많다. 또한 분석 쿼리가 테이블에 있는 특정 열의 대부분 또는 전부보다는 단일 열을 필요로 할 가능성이 더크다.

예를 들어 가상의 전자 상거래 애플리케이션의 주문 테이블을 생각해보자. 무엇보다도 여기에는 주문 금액과 배송 국가가 포함된다. 한 번에 하나씩 주문을 처리하는 웹 애플리케이션과 달리 데이터 웨어하우스를 사용하는 분석가는 주문을 대량으로 분석하기를 원할 것이다. 또한 데이터 웨어하우스에서 주문 데이터를 포함하는 테이블에는 MySQL 데이터베이스에서처럼 여러 테이블의 값을 포함하는 추가 열이 있을 것이다. 예를 들어 주문한 고객에 대한 정보가 포함될 수 있다. 아마도 분석가는 현재 활성 계정이 있는 고객이 주문한 모든 주문을 요약하려고 할 것이다. 이러한 쿼리에는 수백만 개의 레코드가 포함될 수 있지만 OrderTotal 및 CustomerActive의 두 열에서만 데이터를 읽어오면 된다. 결국 분석은 데이터를 생성하거나 변경하는 것(OLTP에서와 같이)이 아니라 지표의 파생과 데이터 이해에 관한 것이다.

그림 3-2에 나와 있는 것처럼 Snowflake 또는 Amazon Redshift와 같은 열 기반 데이터베이스는 행이 아닌 열 단위로 디스크 블록에 데이터를 저장한다. 앞의 사용 사례에서 분석가가 작성한 쿼리는 MySQL 데이터베이스와 같은 행 기반 레코드를 저장하는 블록이 아니라 OrderTotal 및 CustomerActive 값을 저장하는 블록에만 액세스하면 된다. 따라서 분석가의 쿼리에 필요한 필터링 및 합산을 수행하기 위해 메모리에 로드할 데이터와 디스크 I/O가 줄어든다. 최종 이점은 저장소를 최적화할 수 있다는 것인데, 각 블록에 행 기반 레코드에서처럼 여러 데이터 유형이 아니라 동일한 데이터 유형이 저장되므로 블록을 남김없이 활용하고 최적으로 압축할 수 있기 때문이다.

대체로 열 기반 데이터베이스의 출현은 데이터 웨어하우스 내에서 대규모 데이터세트를 저장, 변환 및 쿼리하는 것이 효율적이라는 의미다. 데이터 엔지니어는 데이터를 추출하고 웨어하우스로 로드하는 전용 파이프라인 단계를 구축하여 활용할 수 있다. 그리고 데이터베이스라는 범위 안에서 분석가와 데이터 과학자들은 좀 더 편하게 데이터를 변환, 모델링 및 쿼리할 수 있다. 따라서 ELT는 머신러닝 및 데이터 제품 개발과 같은 다른 사용 사례뿐만 아니라 데이터 웨어하우스 파이프라인을 위한 이상적인 패턴으로 자리 잡았다.

OrderId	CustomerId	Shipping Country	Order Total	Customer Active
1	1258	US	55.25	TRUE
2	5698	AUS	125.36	TRUE
3	2265	US	776.95	TRUE
4	8954	CA	32.16	FALSE

Block 1	1, 2, 3, 4
Block 2	1258, 5698, 2265, 8954
Block 3	US, AUS, US, CA
Block 4	55.25, 125.36, 776.95. 32.16
Block 5	TRUE, TRUE, TRUE, FALSE

그림 3-2. 열 기반 저장소 데이터베이스에 저장된 테이블. 각 디스크 블록에는 동일한 열의 데이터가 포함된다. 예제 쿼리와 관련된 두 개의 열이 강조 표시되어 있다. 쿼리를 실행할 때 이러한 블록에만 액세스하면 되며, 각 블록에는 동일한 유형의 데이터가 포함되어 있어 압축이 최적화된다.

EtLT 하위 패턴

ELT가 지배적인 패턴으로 등장했을 때 추출 후 로드하기 전에 간단히 변환하는 것이 여전히 유익하다는 것이 분명해졌다. 그러나 비즈니스 논리 또는 데이터 모델링을 포함하는 변환 대신 이러한 유형의 변환은 범위가 더 제한된다. 이것을 **소문자 t** 변환 또는 **EtLT**라고 한다.

EtLT 하위 패턴에 맞는 변환 유형의 몇 가지 예는 다음과 같다.

- 테이블에서 레코드 중복 제거
- URL 파라미터를 개별 구성요소로 구문 분석
- 민감한 데이터 마스킹 또는 난독화

이러한 유형의 변환은 비즈니스 로직과 완전히 분리되거나 민감한 데이터를 마스킹하는 것과 같이 법적 또는 보안상의 이유로 파이프라인 초기에 필요한 경우가 있다. 또한 작업마다 올바른 도구를 사용하는 것이 좋다. 4장과 5장에서 자세히 설명할 예정이지만, 대부분의 최신 데이터 웨어하우스는 데이터만 잘 준비되어 있다면 가장 효율적인 방법으로 데이터를 로드한다. 대량의 데이터를 이동하는 파이프라인이나 대기 시간이 핵심인 경우 추출 단계와 로드 단계 사이에 몇 가지 기본 변환을 수행하는 것은 그만한 가치가 있다.

나머지 ELT 관련 패턴은 EtLT 하위 패턴도 포함하도록 설계되었다고 가정할 수 있다.

데이터 분석을 위한 ELT

ELT는 데이터 분석 파이프라인에 있어 가장 일반적이고 가장 최적의 패턴이 되었다. 이미 논의한 바와 같이 열 기반 데이터베이스는 대용량 데이터를 처리하는 데 적합하다. 또한 주어진 쿼리에 사용된 열의 데이터만 디스크에서 스캔되고 메모리에 로드된다는 사실 덕분에 넓은 테이블, 즉 많은 열이 있는 테이블을 효율적으로 처리하게 설계되었다.

기술적인 고려 사항 외에도 데이터 분석가는 일반적으로 SQL에 능통하다. ELT를 사용하면 데이터 엔지니어는 파이프라인(데이터 수집)의 추출 및 로드 단계에 집중할 수 있고 분석가는 SQL을 활용하여 보고 및 분석 용도로 수집된 데이터를 변환할 수 있다. ETL 패턴에서는 전체 파이프라인에 걸쳐 데이터 엔지니어가 필요하기 때문에 이러한 명확한 분리가 불가능하다. 그림 3-3에서 볼 수 있듯이 ELT를 사용하면 데이터 팀 구성원이 더 낮은 상호 의존성과 조정을 통해 ELT 자체의 강점에 집중할 수 있다.

또한 ELT 패턴은 추출 및 로드 프로세스를 구축할 때 분석가가 데이터로 수행할 작업을 정확히 예측해야 하는 필요성을 줄여준다. 물론 적절한 데이터를 추출하고 로드하려면 일반적인 사용 사례를 이해해야 하겠지만, 변환 단계를 나중으로 넘김으로써 분석가에게 더 많은 옵션과 유연성을 제공할 수 있다.

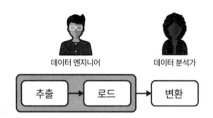

그림 3–3. ELT 패턴을 사용하면 데이터 엔지니어와 데이터 분석가(또는 데이터 과학자) 간의 책임을 명확하게 분할할 수 있다. 각 역할은 자신에게 익숙한 도구와 언어로 자율적으로 작업할 수 있다.

> ELT의 등장으로 데이터 분석가는 데이터 엔지니어에 의해 '차단'되지 않고 데이터로부터 가치를 제공할 수 있는 자율성과 권한을 갖게 되었다. 데이터 엔지니어는 분석가가 SQL로 작성된 자체 변환 코드를 작성하고 배포할 수 있도록 지원하는 인프라와 데이터 수집에 집중할 수 있다. 이러한 이유로 **분석 엔지니어**와 같은 새로운 직함도 생겨났다. 6장에서는 이러한 데이터 분석가와 분석 엔지니어가 데이터를 변환하여 데이터 모델을 구축하는 방법에 대해 설명한다.

데이터 과학을 위한 ELT

데이터 과학 팀을 위해 구축된 데이터 파이프라인은 데이터 웨어하우스에서 데이터 분석을 위해 구축된 파이프라인과 비슷하다. 분석 사용 사례와 마찬가지로 데이터 엔지니어는 데이터 웨어하우스 또는 데이터 레이크에 데이터를 수집하는 데 중점을 둔다. 그러나 데이터 과학자는 데이터 분석가와 다른 요구 사항이 있다.

데이터 과학은 광범위한 분야지만, 일반적으로 데이터 과학자는 데이터 분석가보다 더 세분화된 (때로는 원본) 데이터에 액세스해야 한다. 데이터 분석가가 지표를 생성하고 대시보드를 강화하는 데이터 모델을 구축하는 동안 데이터 과학자는 데이터를 탐색하고 예측 모델을 구축하는 데 하루를 보낸다. 데이터 과학자의 역할에 대한 세부 사항은 이 책의 범위를 벗어나지만, 이러한 상위 수준의 구분은 데이터 과학자에게 서비스를 제공하는 파이프라인 설계에 중요하다.

데이터 과학자를 위한 파이프라인을 구축하는 경우 ELT 패턴의 추출 및 로드 단계가 분석 지원과 거의 동일하다는 것을 알게 될 것이다. 4장과 5장에서는 이러한 단계를 기술적으로 자세히 설명한다. 데이터 과학자는 또한 ELT 파이프라인의 변환 단계(6장)에서 분석가를 위한 일부 데이터 모델을 사용하여 이점을 얻을 수 있지만 그보다는 추출–로드 중에 획득한 많은 데이터를 분기하여 사용할 가능성이 높다.

데이터 제품 및 머신러닝을 위한 ELT

데이터는 분석, 보고 및 예측 모델 이상의 용도로 사용된다. **데이터 제품**을 강력하게 만드는 데도 사용된다. 데이터 제품의 몇 가지 일반적인 예는 다음과 같다.

- 비디오 스트리밍 홈 화면을 구동하는 콘텐츠 추천 엔진
- 전자상거래 웹사이트의 개인화된 검색 엔진
- 사용자가 생성한 레스토랑 리뷰에 대한 감성 분석을 수행하는 애플리케이션

이러한 각 데이터 제품은 학습 및 검증 데이터를 필요로 하는 하나 이상의 머신러닝(ML) 모델에 의해 구동될 가능성이 높다. 이러한 데이터는 다양한 소스 시스템에서 가져올 수 있으며 모델에서 사용할 수 있도록 일정 수준의 변환을 거칠 수 있다. 데이터 제품을 위해 설계된 파이프라인의 모든 단계에서 도전 과제가 있겠지만 ELT와 같은 패턴은 이러한 요구사항에 매우 적합하다.

머신러닝 파이프라인의 단계

이 책에서 주로 초점을 맞춘 분석용 파이프라인과 마찬가지로 머신러닝용으로 구축된 파이프라인 역시 적어도 파이프라인의 시작 부분에서만큼은 ELT와 유사한 패턴을 따른다. 차이점은 분석용에서는 변환 단계에서 데이터를 데이터 모델로 변환하는 데 중점을 두는 반면, 머신러닝용에서는 데이터가 추출되어 웨어하우스 또는 데이터 레이크에 로드되면 머신러닝 모델을 빌드하고 업데이트하는 것과 관련된 여러 단계가 있다는 것이다.

머신러닝 개발에 익숙하다면 다음 단계도 익숙할 것이다.

데이터 수집

이 단계는 4장과 5장에서 설명할 수집 프로세스를 따른다. 수집하는 데이터는 다를 수 있지만 이 논리는 주로 머신러닝뿐만 아니라 분석용으로 구축된 파이프라인에서도 동일하게 유지되는데, 다만 머신러닝용 파이프라인에서는 한 가지 추가로 고려할 사항이 있다. 즉, 수집하는 데이터가 머신러닝 모델이 나중에 학습 또는 검증을 위한 특정 데이터세트로 참조할 수 있도록 버전 지정이 되었는지 확인해야 한다. 데이터세트 버전 관리를 위한 여러 도구와 접근 방식이 있는데, 자세한 내용은 30페이지의 'ML 파이프라인에 대한 추가 자료'를 참고한다.

데이터 전처리

수집된 데이터는 머신러닝 개발에 사용할 준비가 되지 않았을 것이다. 전처리는 데이터를 정리하고 모델에 사용할 준비를 하는 단계다. 예를 들어 텍스트가 토큰화되고 기능이 숫자 값으로 변환되고 입력값이 정규화되는 파이프라인의 단계다.

모델 교육

새 데이터를 수집하고 전처리한 후 머신러닝 모델을 다시 학습해야 한다.

모델 배포

모델을 운영 환경에 배포하는 것은 연구 중심의 머신러닝을 진정한 데이터 제품으로 전환하는데 있어 가장 어려운 부분일 수 있다. 이때 데이터세트의 버전 관리뿐만 아니라 학습된 모델의 버전 관리도 필요하다. 종종 배포된 모델의 쿼리를 허용하는 데 REST API가 사용되며 다양한 버전의 모델에 대한 API 엔드포인트가 사용된다. 운영 수준에 도달하기 위해 데이터 과학자, 머신러닝 엔지니어 및 데이터 엔지니어 사이에서 추적하고 조정해야 할 일이 많다. 잘 설계된 파이프라인은 이들을 한데 묶는 데 있어 중요한 역할을 한다.

> 🔧 **수집된 데이터 검증**
>
> 8장에서 논의하겠지만, 파이프라인에서 데이터를 검증하는 것은 필수적이며 파이프라인 전반에 걸쳐 이루어진다. 데이터 분석용 파이프라인에서 검증은 종종 데이터 수집(추출-로드) 및 데이터 모델링(변환) 후에 발생한다. 머신러닝 파이프라인에서는 수집된 데이터의 유효성 검사도 중요하다. 이 중요한 단계를 머신러닝 개발의 표준 부분인 머신러닝 모델 자체의 검증과 혼동하면 안 된다.

파이프라인에 피드백 통합

좋은 머신러닝 파이프라인에는 모델 개선을 위한 피드백 수집도 포함된다. 비디오 스트리밍 서비스의 콘텐츠 추천 모델을 예로 들어 보자. 향후 모델을 측정하고 개선하려면 모델이 사용자에게 무엇을 추천하는지, 어떤 추천 항목을 클릭하는지, 클릭한 후 어떤 추천 콘텐츠를 즐기는지 추적해야 한다. 그렇게 하려면 스트리밍 서비스 홈 화면에서 모델을 활용하는 개발 팀과 협력해야 한다. 그들이 각 사용자에 대한 추천 사항을 추적하는 이벤트 수집 유형을 구현할 것이다. 이러한 이벤트 수집 예에는 그것을 추천한 모델의 버전이나 해당 항목을 클릭했을 때, 그리고 이후 사용자의 콘텐츠 소비와 관련하여 이미 수집하고 있는 데이터로 클릭 연결을 수행하는 것이 포함된다.

그런 다음 모든 정보를 데이터 웨어하우스로 다시 수집하고, 학습 데이터 또는 미래 모델이나 실험에 쓰기 위해 사람(아마도 데이터 과학자)이 분석 및 고려하기 위한 모델의 향후 버전에 통합할 수 있다.

또한 수집된 데이터는 이 책에서 설명하는 ELT 패턴으로 데이터 분석가가 수집, 변환 및 분석할 수 있다. 분석가는 종종 모델의 효율성을 측정하고 조직에 모델의 주요 지표를 표시하기 위한 대시보드를 구축하는 임무를 맡게 된다. 이해 관계자는 이러한 대시보드를 사용하여 다양한 모델이 비즈니스와 고객에게 얼마나 효과적인지 이해할 수 있다.

ML 파이프라인에 대한 추가 자료

머신러닝 모델을 위한 파이프라인 구축은 강력한 주제다. 인프라 선택과 머신러닝 환경의 복잡성에 따라 추가 학습을 위해 추천하는 몇 권의 책이 있다.

- Hannes Hapke, Catherine Nelson의 ≪Building Machine Learning Pipelines(머신러닝 파이프라인 구축)≫(O'Reilly, 2020)
- ≪핸즈온 머신러닝≫(한빛미디어 2018)

또한 다음 책은 접근하기 쉬운 머신러닝 입문서다.

- ≪파이썬 라이브러리를 활용한 머신러닝≫(한빛미디어 2019)

04

데이터 수집:
데이터 추출

3장에서 논의한 바와 같이 ELT 패턴은 데이터 분석, 데이터 사이언스 및 데이터 제품을 위해 구축된 데이터 파이프라인에 이상적인 설계다. ELT 패턴의 처음 두 단계인 데이터 추출과 로드를 모두 **데이터 수집**이라고 이야기한다. 이 장에서는 개발 환경과 인프라를 설정하는 방법에 대해 설명하고 다양한 소스 시스템에서 데이터를 추출하는 방법을 설명한다. 5장에서는 데이터 웨어하우스에 데이터세트를 로드하는 방법을 설명한다.

 Note 이 장의 데이터 추출 및 로드 예제는 서로 완전히 분리되어 작성되었다. 데이터 수집을 완료하기 위해 두 단계를 조정하는 것은 7장에서 논의한다.

2장에서 논의한 바와 같이, 데이터를 추출할 소스 시스템의 유형뿐만 아니라 데이터를 로드할 목적지도 매우 다양하다. 또한 데이터는 여러 가지 형태로 제공되며, 이 모든 데이터는 데이터를 수집하는 데 서로 다른 문제를 만들어낸다.

이 장과 다음 장에는 공통 시스템에서부터 또는 공통 시스템으로 데이터를 내보내고 수집하기 위한 코드 예제가 포함되어 있다. 코드는 매우 단순하며 최소한의 오류 처리만 포함한다. 각 예제는 이해하기 쉬운 데이터 수집의 시작점으로 사용할 수 있게 하려는 의도로 작성되었지만, 완벽하게 작동하며 더 확장 가능한 솔루션으로 자유롭게 확대할 수 있다.

이 장의 코드 예제는 추출된 데이터를 대상 데이터 웨어하우스에 로드할 CSV 파일에 쓴다. 때로는 로드하기 전에 추출된 데이터를 CSV 파일이 아닌 JSON과 같은 다른 형식으로 저장하는 것이 더 타당할 때도 있다. 해당되는 경우, 이러한 조정을 어떤 단계에서 고려할 수 있는지 알려주겠다.

또한 5장에서 데이터 엔지니어 및 분석가들에게 데이터 수집을 위해 '로우 코드(low code)' 옵션을 제공하는 몇 가지 오픈 소스 프레임워크와 제품에 대해서도 설명한다.

파이썬 환경 설정

이어지는 모든 코드 예제는 파이썬과 SQL로 작성되며 오늘날 데이터 엔지니어링 분야에서 흔히 사용되는 오픈 소스 프레임워크를 사용한다. 간단하게 하기 위해 제한된 소스와 대상을 사용했지만 해당되는 경우 유사한 시스템에 대해 수정하는 방법을 알려주겠다.

코드 예제를 실행하려면 파이썬 3.x를 실행하는 물리적 또는 가상 시스템이 필요하다. 또한 몇 개의 라이브러리를 설치하고 가져와야 한다.

컴퓨터에 파이썬이 설치되어 있지 않으면 OS용 배포 및 설치 프로그램[1]을 직접 내려받을 수 있다.

 다음 명령은 리눅스 또는 맥킨토시 명령줄용으로 작성되었다. 윈도우에서는 파이썬 3 실행 파일을 PATH에 추가해야 할 수 있다.

이 장에 사용된 라이브러리를 설치하기 전에 설치할 **가상 환경**을 만드는 것이 가장 좋다. 이를 위해 virtualenv라는 도구를 사용할 수 있다. virtualenv는 다양한 프로젝트 및 애플리케이션의 파이썬 라이브러리를 관리하는 데 유용하다. 이를 통해 파이썬 라이브러리를 전역이 아닌 프로젝트에 맞는 범위 내에서 설치할 수 있다. 먼저 **env**라는 가상 환경을 생성한다.

```
$ python -m venv env
```

이제 가상 환경이 생성되었으므로 다음 명령을 사용하여 가상 환경을 활성화한다.

---

1 https://www.python.org/downloads/

```
$ source env/bin/activate
```

두 가지 방법으로 가상 환경이 활성화되었는지 확인할 수 있다. 먼저 명령 프롬프트 앞에 환경 이름이 붙는 것을 확인할 수 있다.

```
(env) $
```

which python 명령을 사용하여 파이썬이 라이브러리를 찾는 위치를 확인할 수도 있다. 가상 환경 디렉터리의 경로를 보여주는 다음과 같은 항목이 표시된다.

```
(env) $which python
env/bin/python
```

이제 뒤에서 살펴볼 코드 예제에 필요한 라이브러리를 안전하게 설치할 수 있다.

> **Note**
> 일부 운영 체제(OS)에서는 파이썬 3.x 실행 파일을 실행하려면 python 대신 python3를 사용해야 한다. 이전 OS 버전은 기본적으로 파이썬 2.x일 수 있다. python --version을 입력하여 OS에서 사용하는 파이썬 버전을 확인할 수 있다.

이 장에서는 pip[2]을 사용하여 코드 예제에 사용되는 라이브러리를 설치한다. pip은 대부분 파이 썬 배포와 함께 제공되는 도구다.

pip를 사용하여 설치할 첫 번째 라이브러리는 configparser이다. 이 라이브러리는 나중에 파일에 추가할 구성 정보를 읽는 데 사용된다.

```
(env) $pip install configparser
```

그리고 다음 장에서 만들 파이썬 스크립트와 동일한 디렉터리에 **pipeline.conf** 파일을 만든다. 일단 파일을 비워두자. 나중에 이 장의 코드 예제로 코드를 추가하게 될 것이다. 리눅스 및 맥 운 영 체제에서는 다음 명령을 사용하여 명령줄에 빈 파일을 생성할 수 있다.

```
(env) $touch pipeline.conf
```

---

2 https://pypi.org/project/pip/

> **🔵 Git Repo에 구성 파일을 추가하지 말 것!**
> TIP
>
> 자격증명 및 연결 정보는 구성 파일에 저장되므로 Git 리포지토리에 추가하면 안 된다. 이 정보는 S3 버킷, 소스 시스템 및 데이터 웨어하우스에 액세스할 수 있는 안전한 시스템에만 저장해야 한다. Git 리포지토리에서 제외시킬 수 있는 가장 안전한 방법은 .conf와 같은 확장자를 구성 파일에 지정하고 .gitignore 파일에 *.conf 내용을 추가하는 것이다.

클라우드 파일 스토리지 설정

이 장의 각 예에서는 파일 저장에 Amazon Simple Storage Service(Amazon S3 또는 간단히 S3) 버킷을 사용한다. S3는 AWS에서 호스팅되며 이름에서 알 수 있듯이 S3는 파일을 저장하고 액세스할 수 있는 간단한 방법이다. 비용 또한 매우 효율적이다. AWS는 새 AWS 계정으로 12개월 동안 5GB의 S3 스토리지를 무료로 제공하고 그 이후 표준 S3 스토리지 클래스에 대해 기가바이트당 월 3센트 미만의 요금을 청구한다. 이 장에 나와 있는 예제가 간단하다는 점을 감안하면 AWS 계정을 만든 후 처음 12개월 동안 또는 그 이후에도 한 달에 1달러 미만으로 S3에 필요한 데이터를 무료로 저장할 수 있다.

이 장의 샘플을 실행하려면 S3 버킷이 필요하다. 다행히 S3 버킷 생성은 간단하며, 최신 지침은 AWS 설명서[3]에서 확인할 수 있다. S3 버킷에 대한 적절한 액세스 제어 설정은 사용 중인 데이터 웨어하우스에 따라 달라진다. 일반적으로 액세스 관리 정책에는 AWS Identity and Access Management(IAM) 역할을 사용하는 것이 가장 좋다. Amazon Redshift 및 Snowflake 데이터 웨어하우스에 대해 이러한 액세스를 설정하는 자세한 지침은 이어지는 섹션에 나와 있지만, 지금은 여기서 설명하는 내용에 따라 원하는 이름을 지정하여 새 버킷을 만든다. 버킷을 만들 때는 비공개로 유지하는 등의 기본 설정을 사용하는 것이 좋다.

각 추출 예제에서는 지정된 소스 시스템에서 데이터를 추출하고 출력을 S3 버킷에 저장한다. 5장의 각 로드 예제는 해당 데이터를 S3 버킷에서 대상으로 로드한다. 이것은 데이터 파이프라인의 일반적인 패턴이다. 모든 주요 퍼블릭 클라우드 제공업체는 S3와 유사한 서비스를 제공한다. Microsoft Azure의 Azure Storage와 GCP의 Google Cloud Storage(GCS)가 다른 공용 클라우드에 해당한다.

---

3 https://docs.aws.amazon.com/AmazonS3/latest/userguide/create-bucket-overview.html

로컬 또는 온프레미스 스토리지를 사용하도록 각 예제를 수정할 수도 있다. 그러나 특정 클라우드 제공업체 외부의 스토리지에서 데이터 웨어하우스로 데이터를 로드하려면 추가 작업이 필요할 수 있다. 이 장에서 설명하는 패턴은 어떤 클라우드 공급자를 사용하든 또는 온프레미스 데이터 인프라를 호스팅하든 상관없이 유효하다.

각 예제로 넘어가기 전에 S3 버킷과 상호 작용하기 위해 설치해야 하는 파이썬 라이브러리가 하나 더 있다. Boto3는 파이썬용 AWS SDK다. 이전 섹션에서 설정한 가상 환경이 활성 상태인지 확인하고 pip을 사용하여 설치한다.

```
(env) $pip install boto3
```

예제에서는 다음과 같이 파이썬 스크립트에 boto3를 가져오라는 메시지가 표시된다.

```
import boto3
```

S3 버킷과 상호 작용하기 위해 Boto3 파이썬 라이브러리를 사용하기 때문에 IAM 사용자를 생성하고 해당 사용자에 대한 액세스 키를 생성하고 파이썬 스크립트에서 사용할 수 있는 구성 파일에 키를 저장해야 한다. 이는 스크립트가 S3 버킷의 파일을 읽고 쓸 수 있는 권한을 갖도록 하는 데 모두 필요하다.

먼저 IAM 사용자를 생성한다.

1. AWS 콘솔(또는 상단 탐색 모음)의 서비스 메뉴에서 IAM으로 이동한다.

2. 탐색 창에서 사용자를 클릭한 뒤 [사용자 추가]를 누른다. 새 사용자의 사용자 이름을 입력한다. 이 예에서는 사용자 이름을 'data_pipeline_readwrite'로 지정한다.

3. 이 IAM 사용자의 액세스 유형을 클릭한다. 이 사용자는 AWS 콘솔에 로그인할 필요가 없고 파이썬 스크립트를 통해 프로그래밍 방식으로 AWS 리소스에 액세스할 수 있으므로 [프로그램 방식 액세스]를 클릭한다.

4. [다음: 권한] 버튼을 클릭한다.

5. [권한 설정] 페이지에서 [기존 정책을 직접 연결] 옵션을 클릭한다. [AmazonS3FullAccess] 정책을 선택한다.

6. [다음: 태그] 버튼을 클릭한다. 나중에 찾을 수 있도록 다양한 개체와 서비스에 태그를 추가하는 것이 AWS의 모범 사례다. 하지만 이것은 선택사항이다.

7. [다음: 검토] 버튼을 클릭하여 설정사항들을 확인한다. 모든 것이 정상인 경우, [사용자 만들기]를 클릭한다.

8. 새로운 IAM 사용자의 액세스 키 ID 및 비밀 액세스 키를 저장할 수 있다. [.csv 다운로드]를 클릭한 다음 파일을 안전한 위치에 저장하여 잠시 후에 사용할 수 있다.

마지막으로 [aws_boto_credentials]라는 **pipeline.conf** 파일에 IAM 사용자 및 S3 버킷 정보를 저장할 섹션을 추가한다. AWS 사이트에 로그인할 때 페이지 오른쪽 상단에 있는 계정 이름을 클릭하여 '내 계정' 옆에 표시된 AWS 계정 ID를 찾을 수 있다. 이전에 만든 S3 버킷의 이름을 bucket_name 값으로 사용한다. **pipeline.conf**에 포함되어야 하는 새 섹션은 다음과 같다.

```
[aws_boto_credentials]
access_key = ijfiojr54rg8erg8erg8erg8
secret_key = 5r4f84er4ghrg484eg84re84ger84
bucket_name = pipeline-control
account_id = 4515465518
```

MySQL 데이터베이스에서 데이터 추출

MySQL 데이터베이스에서 데이터 추출은 다음 두 가지 방법으로 수행할 수 있다.

- SQL을 사용한 전체 또는 증분 추출
- 이진 로그(binlog) 복제

SQL을 사용한 전체 또는 증분 추출은 구현하기가 훨씬 간단하지만 자주 변경되는 대규모 데이터세트에서는 확장성이 떨어진다. 또한 전체 추출과 증분 추출 사이에도 트레이드오프가 있으며, 이는 다음 섹션에서 논의한다.

이진 로그 복제는 구현이 더 복잡하지만 원본 테이블의 변경되는 데이터 볼륨이 크거나 MySQL 소스에서 데이터를 더 자주 수집해야 하는 경우에 더 적합하다.

Note 이진 로그 복제는 **스트리밍 데이터 수집**을 수행하는 하나의 경로이기도 하다. 구현 패턴에 대한 자세한 내용은 이 장의 'MySQL 데이터의 이진 로그 복제' 섹션을 참조하면 된다.

이 섹션은 MySQL을 소스로 데이터를 추출해야 하는 독자와 관련이 있다. 만약 여러분이 예제 코드를 수행해 보기 위해 간단한 데이터베이스를 만들고 싶다면 두 가지 옵션을 사용할 수 있다. 먼저 로컬 시스템이나 가상 시스템에 MySQL을 무료로 설치할 수 있다. MySQL 다운로드 페이지[4]에서 OS 설치 프로그램을 찾을 수 있다.

또는 AWS[5]에서 MySQL 인스턴스에 대해 완전히 관리되는 Amazon RDS를 생성할 수 있다. 개인적으로 이 방법이 더 간단하고 로컬 컴퓨터에 불필요하게 혼란을 주지 않아 선호한다.

> **ⓘ 경고**
>
> AWS의 지침에 따라 MySQL RDS 데이터베이스 인스턴스를 설정하면 데이터베이스를 공개적으로 액세스할 수 있게 설정하라는 메시지가 표시된다. 샘플 데이터를 학습하고 작업하는 데 이 설정이 더 적합하다. 사실, 이 섹션의 예제 코드를 실행하는 컴퓨터에서 데이터베이스에 연결하기가 훨씬 쉬워진다. 그러나 프로덕션 설정에서는 보다 강력한 보안을 위해 Amazon RDS 보안 모범 사례[6]를 따르는 것이 좋다.

앞서 언급한 S3 요금과 마찬가지로, 더 이상 AWS의 프리티어를 사용할 수 없는 경우 이와 관련된 비용이 발생한다. 물론 프리티어 환경에서는 프리티어 범위 안에서 설치와 운영이 무료다. 프리티어 기간이 만료되면 RDS 인스턴스를 삭제하여 추가 비용이 발생되는 것을 방지한다.

이 섹션의 코드 예제는 매우 간단하며 MySQL 데이터베이스의 Orders라는 테이블을 참조한다. 작업할 MySQL 인스턴스가 있으면 다음 SQL 명령을 실행하여 테이블을 만들고 여기에 행을 삽입할 수 있다.

```sql
CREATE TABLE Orders (
    OrderId int,
    OrderStatus varchar(30),
    LastUpdated timestamp
);


INSERT INTO Orders
    VALUES(1,'Backordered', '2020-06-01 12:00:00');
INSERT INTO Orders
    VALUES(1,'Shipped', '2020-06-09 12:00:25');
```

---

4 https://dev.mysql.com/downloads/mysql/

5 https://aws.amazon.com/ko/getting-started/hands-on/create-mysql-db/

6 https://docs.aws.amazon.com/AmazonRDS/latest/UserGuide/CHAP_BestPractices.Security.html

```
INSERT INTO Orders
    VALUES(2,'Shipped', '2020-07-11 3:05:00');
INSERT INTO Orders
    VALUES(1,'Shipped', '2020-06-09 11:50:00');
INSERT INTO Orders
    VALUES(3,'Shipped', '2020-07-12 12:00:00');
```

전체 또는 증분 MySQL 테이블 추출

MySQL 테이블에서 전체 또는 일부 열을 데이터 웨어하우스 또는 데이터 레이크로 수집해야 하는 경우 전체 추출 또는 증분 추출을 사용하여 수집할 수 있다.

전체 추출에서는 추출 작업을 실행할 때마다 테이블의 모든 레코드가 추출된다. 이는 가장 덜 복잡한 접근 방식이지만 대용량 테이블의 경우 실행하는 데 오랜 시간이 걸릴 수 있다. 예를 들어 Orders라는 테이블에서 전체 추출을 실행하기 위해 원본 MySQL 데이터베이스에서 실행되는 SQL은 다음과 같다.

```
SELECT *
FROM Orders;
```

증분 추출에서는 추출 작업의 마지막 실행 이후 변경되거나 추가된 원본 테이블의 레코드만 추출된다. 마지막 추출의 타임스탬프는 데이터 웨어하우스의 추출 작업 로그 테이블에 저장하거나 웨어하우스의 대상 테이블에서 마지막 업데이트 열의 최대 타임스탬프를 쿼리하여 검색할 수 있다. 가상 Orders 테이블을 예로 들면 원본 MySQL 데이터베이스에서 실행되는 SQL 쿼리는 다음과 같다.

```
SELECT *
FROM Orders
WHERE LastUpdated > {{ last_extraction_run} };
```

 변경할 수 없는 데이터(즉 레코드를 삽입할 수는 있지만 업데이트할 수는 없음)가 포함된 테이블의 경우에는 LastUpdated 열 대신 레코드가 생성된 시간에 대한 타임스탬프를 사용할 수 있다.

{{ last_extraction_run }} 변수는 추출 작업의 최근 실행 시간을 나타내는 타임스탬프다. 일반적으로 데이터 웨어하우스의 대상 테이블에서 쿼리된다. 이 경우 데이터 웨어하우스에서 다음 SQL을 사용하여 {{ last_extraction_run }}에 사용된 결괏값을 확인한다.

```
SELECT MAX(LastUpdated)
FROM warehouse.Orders;
```

> 💡 **마지막으로 업데이트된 날짜 캐시**
>
> Orders 테이블이 상당히 큰 경우 다음 추출 작업을 빠르게 수행할 수 있도록 로그 테이블에 마지막으로 업데이트된 레코드의 값을 저장할 수 있다. 추출 작업이 시작되거나 완료된 시간이 아니라 대상 테이블의 MAX(LastUpdated) 값을 데이터 웨어하우스에 저장해야 한다. 추출 작업 실행을 위해 기록된 시간의 작은 지연도 다음 추출 작업 실행에서 원본 테이블의 레코드가 누락되거나 중복될 수 있다.

증분 추출이 최적의 성능에 이상적이지만 어떤 테이블에 대해서는 가능하지 않을 수 있는 몇 가지 단점과 이유가 있다.

첫째, 삭제된 행은 캡처되지 않는다. 원본 MySQL 테이블에서 행이 삭제되면 알 수 없으며 해당 레코드는 대상 테이블에서는 아무것도 변경되지 않은 것처럼 남아있게 된다.

둘째, 원본 테이블에는 마지막으로 업데이트된 시간(이전 예제의 LastUpdated 열)에 대한 신뢰할 수 있는 타임스탬프가 있어야 한다. 소스 시스템 테이블에서 이러한 열이 누락되거나 안정적으로 업데이트되지 않는 경우가 흔하다. 개발자가 원본 테이블의 레코드를 업데이트하고 LastUpdated 타임스탬프 업데이트를 잊는 것을 막을 방법은 없다.

그러나 증분 추출을 사용하면 업데이트된 행을 더 쉽게 캡처할 수 있다. 다음 코드 예제에서는 Orders 테이블의 특정 행이 업데이트되면 전체 추출 방식과 증분 추출 방식 모두 최신 버전의 행을 가져온다. 전체 추출에서는 추출이 테이블 전체를 검색하고, 증분 추출에서는 변경된 행만 검색한다.

로드 단계에서 전체 추출의 경우 일반적으로 목적지에 있는 대상 테이블을 먼저 삭제(truncate)하고 새로 추출된 데이터를 대상 데이터에 로드한다. 이 경우 데이터 웨어하우스에 최신 버전의 행이 남는다.

데이터 로드 단계에서 증분 추출의 경우 결과 데이터가 목적지의 대상 테이블 데이터에 추가된다. 이 경우 원본 데이터뿐만 아니라 업데이트된 버전을 모두 가지게 된다. 6장에서 논의한 것처럼 데이터를 변환하고 분석할 때 두 가지 버전을 모두 가지고 있는 것이 유용할 수 있다.

예를 들어, 표 4-1은 MySQL 데이터베이스의 OrderId 1에 대한 원본 레코드를 보여준다. 고객이 주문을 했을 때는 backorderd(주문 지연) 상태였다. 표 4-2는 MySQL 데이터베이스의 업데이트된 레코드를 보여준다. 보이는 것처럼 2020-06-09에 선적되어 주문이 업데이트되었다.

표 4-1. OrderId 1의 원래 상태

OrderId	OrderStatus	LastUpdated
1	Backordered	2020-06-01 12:00:00

표 4-2. OrderId 1의 업데이트된 상태

OrderId	OrderStatus	LastUpdated
1	Shipped	2020-06-09 12:00:25

전체 추출을 실행하면 데이터 웨어하우스의 대상 테이블의 데이터가 삭제된 다음 추출된 테이블의 데이터가 로드된다. 이때 OrderId 1 행의 결과는 표 4-2에 나타난 단일 레코드다. 그러나 증분 추출에서는 추출된 테이블의 데이터가 데이터 웨어하우스의 대상 테이블에 추가된다. 그 결과 OrderId 1에 대한 원본 기록과 업데이트된 기록이 표 4-3에 있는 것처럼 모두 데이터 웨어하우스에 있게 된다.

표 4-3. 데이터 웨어하우스에 있는 모든 버전의 OrderId 1

OrderId	OrderStatus	LastUpdated
1	Backordered	2020-06-01 12:00:00
1	Shipped	2020-06-09 12:00:25

전체 및 증분 추출 로드에 대한 자세한 내용은 74페이지의 'Redshift 웨어하우스에 데이터 로드'를 포함하여 5장에서 확인할 수 있다.

경고

소스 시스템의 LastUpdate 열이 안정적으로 업데이트되었다고 가정해서는 안 된다. 증분 추출을 위해서는 소스 시스템에 접근하기 전에 소스 시스템의 소유자에게 확인해야 한다.

MySQL 데이터베이스에서 전체 및 증분 추출은 모두 데이터베이스에서 실행되지만 파이썬 스크립트에 의해 트리거되는 SQL 쿼리를 사용하여 구현할 수도 있다. 이전 섹션에 설치한 파이썬 라이브러리 외에도 pip을 사용하여 PyMySQL 라이브러리를 설치해야 한다.

```
(env) $ pip install pymysql
```

또한 MySQL 데이터베이스에 대한 연결 정보를 저장하기 위해 **pipeline.conf** 파일에 새 내용을 추가해야 한다.

```
[mysql_config]
hostname = my_host.com
port = 3306
username = my_user_name
password = my_password
database = db_name
```

이제 **extract_mysql_full.py**라는 새 파이썬 스크립트를 생성한다. MySQL 데이터베이스에 연결되는 pymysql 및 csv 라이브러리와 같은 여러 라이브러리를 가져와야 수집 로드 단계에서 데이터 웨어하우스로 추출된 데이터를 쉽게 정형화하고 쓸 수 있다. 또한 나중에 데이터 웨어하우스에 로드하기 위한 결과 CSV 파일을 S3 버킷에 업로드할 수 있게 boto3를 가져온다.

```
import pymysql
import csv
import boto3
import configparser
```

이제 MySQL 데이터베이스에 대한 연결을 초기화할 수 있다.

```
parser = configparser.ConfigParser()
parser.read("pipeline.conf")
hostname = parser.get("mysql_config", "hostname")
```

```
port = parser.get("mysql_config", "port")
username = parser.get("mysql_config", "username")
dbname = parser.get("mysql_config", "database")
password = parser.get("mysql_config", "password")

conn = pymysql.connect(host=hostname,
          user=username,
          password=password,
          db=dbname,
          port=int(port))

if conn is None:
  print("Error connecting to the MySQL database")
else:
  print("MySQL connection established!")
```

Orders 테이블의 전체 추출을 실행한다. 다음 코드는 테이블의 전체 내용을 추출하여 파이프('|')
로 구분된 CSV 파일에 쓴다. 추출을 수행하기 위해 pymysql 라이브러리의 cursor 객체를 사용하
여 SELECT 쿼리를 실행한다.

```
m_query = "SELECT * FROM Orders;"
local_filename = "order_extract.csv"

m_cursor = conn.cursor()
m_cursor.execute(m_query)
results = m_cursor.fetchall()

with open(local_filename, 'w') as fp:
  csv_w = csv.writer(fp, delimiter='|')
  csv_w.writerows(results)
fp.close()
m_cursor.close()
conn.close()
```

CSV 파일이 로컬로 작성되었으므로 나중에 데이터 웨어하우스나 다른 대상에 로드하려면 S3 버
킷에 업로드해야 한다. 우리는 31페이지의 '클라우드 파일 스토리지 설정'에서 S3 버킷 인증에

사용할 Boto3 라이브러리의 IAM 사용자를 설정했다. 또한 자격증명을 **pipeline.conf** 파일의 aws_boto_credentials에도 저장했다. 다음은 CSV 파일을 S3 버킷에 업로드하는 코드다.

```
# aws_boto_credentials 값을 로드
parser = configparser.ConfigParser()
parser.read("pipeline.conf")
access_key = parser.get("aws_boto_credentials","access_key")
secret_key = parser.get("aws_boto_credentials","secret_key")
bucket_name = parser.get("aws_boto_credentials","bucket_name")

s3 = boto3.client('s3',
aws_access_key_id=access_key,
aws_secret_access_key=secret_key)

s3_file = local_filename

s3.upload_file(local_filename, bucket_name,s3_file)
```

이제 다음처럼 스크립트를 수행할 수 있다.

```
(env) $ python extract_mysql_full.py
```

스크립트가 실행되면 Orders 테이블의 전체 내용이 데이터 웨어하우스 또는 다른 데이터 스토어로 로드되기를 기다리는 S3 버킷의 CSV 파일에 포함된다. 여러분이 선택한 다른 데이터 저장소에 로드하는 방법에 대한 자세한 내용은 5장을 참조한다.

데이터를 증분 추출하려면 스크립트를 몇 가지 변경해야 한다. 스크립트의 시작점으로 **extract_mysql_full.py** 파일을 복사하여 **extract_mysql_incremental.py** 사본에서 시작하는 것을 추천한다.

먼저 원본 Orders 테이블에서 추출한 마지막 레코드의 타임스탬프를 찾는다. 이렇게 하려면 데이터 웨어하우스의 주문 테이블에서 MAX(LastUpdated) 값을 쿼리한다. 이 예에서는 Redshift 데이터 웨어하우스(72페이지 'Amazon Redshift 웨어하우스를 대상으로 구성' 참조)를 사용하겠지만 여러분이 선택한 다른 웨어하우스에서도 동일한 로직을 적용할 수 있다.

Redshift 클러스터와 상호 작용하려면 psycopg2 라이브러리를 설치한다.

```
(env) $pip install psycopg2
```

다음은 Redshift 클러스터에 연결하고 쿼리하여 Orders 테이블에서 MAX(LastUpdated) 값을 가져오는 코드다.

```python
import psycopg2

# Redshift db connection 정보를 가져옴
parser = configparser.ConfigParser()
parser.read("pipeline.conf")
dbname = parser.get("aws_creds", "database")
user = parser.get("aws_creds", "username")
password = parser.get("aws_creds", "password")
host = parser.get("aws_creds", "host")
port = parser.get("aws_creds", "port")

# Redshift 클러스터에 연결
rs_conn = psycopg2.connect(
    "dbname=" + dbname
    + " user=" + user
    + " password=" + password
    + " host=" + host
    + " port=" + port)

rs_sql = """SELECT COALESCE(MAX(LastUpdated),
        '1900-01-01')
        FROM Orders;"""
rs_cursor = rs_conn.cursor()
rs_cursor.execute(rs_sql)
result = rs_cursor.fetchone()

# 오직 하나의 레코드만 반환됨
last_updated_warehouse = result[0]

rs_cursor.close()
rs_conn.commit()
```

last_update_warehouse에 저장된 값을 사용하여 MySQL 데이터베이스에서 실행되는 추출 쿼리를 수정한다. 이를 통해 이전 추출 작업 실행 이후 Orders 테이블에서 업데이트된 레코드만 가져올 수 있다. 새 쿼리에는 last_update_warehouse 값에 대해 %s로 표시되는 자리 표시자가 포함되어 있다. 그러면 값이 튜플(데이터 집합을 저장하는 데 사용되는 데이터 유형)로 cursor의 .execute() 함수에 전달된다. 이는 SQL 주입(injection)을 방지하기 위해 SQL 쿼리에 매개변수를 추가해 주는 적절하고 안전한 방법이다. 다음은 MySQL 데이터베이스에서 SQL 쿼리를 실행해주는 업데이트된 코드다.

```
m_query = """SELECT *
    FROM Orders
    WHERE LastUpdated > %s;"""
local_filename = "order_extract.csv"

m_cursor = conn.cursor()
m_cursor.execute(m_query, (last_updated_warehouse,))
```

증분 추출을 위한 전체 **extract_mysql_incremental.py** 스크립트(last_updated 값에 대해 redshift 클러스터를 사용)는 다음과 같다.

```
import pymysql
import csv
import boto3
import configparser
import psycopg2

# Redshift db connection 정보를 가져옴
parser = configparser.ConfigParser()
parser.read("pipeline.conf")
dbname = parser.get("aws_creds", "database")
user = parser.get("aws_creds", "username")
password = parser.get("aws_creds", "password")
host = parser.get("aws_creds", "host")
port = parser.get("aws_creds", "port")

# Redshift 클러스터에 연결
rs_conn = psycopg2.connect(
```

```
        "dbname=" + dbname
    + " user=" + user
    + " password=" + password
    + " host=" + host
    + " port=" + port)

rs_sql = """SELECT COALESCE(MAX(LastUpdated),
        '1900-01-01')
        FROM Orders;"""
rs_cursor = rs_conn.cursor()
rs_cursor.execute(rs_sql)
result = rs_cursor.fetchone()

# 오직 하나의 레코드만 반환됨
last_updated_warehouse = result[0]

rs_cursor.close()
rs_conn.commit()

# MySQL 연결 정보를 가져온 뒤 연결
parser = configparser.ConfigParser()
parser.read("pipeline.conf")
hostname = parser.get("mysql_config", "hostname")
port = parser.get("mysql_config", "port")
username = parser.get("mysql_config", "username")
dbname = parser.get("mysql_config", "database")
password = parser.get("mysql_config", "password")

conn = pymysql.connect(host=hostname,
        user=username,
        password=password,
        db=dbname,
        port=int(port))
if conn is None:
    print("Error connecting to the MySQL database")
else:
    print("MySQL connection established!")
```

```python
m_query = """SELECT *
      FROM Orders
      WHERE LastUpdated > %s;"""
local_filename = "order_extract.csv"

m_cursor = conn.cursor()
m_cursor.execute(m_query, (last_updated_warehouse,))
results = m_cursor.fetchall()
with open(local_filename, 'w') as fp:
  csv_w = csv.writer(fp, delimiter='|')
    csv_w.writerows(results)

fp.close()
m_cursor.close()
conn.close()

# aws_boto_credentials 값을 로드
parser = configparser.ConfigParser()
parser.read("pipeline.conf")
access_key = parser.get(
    "aws_boto_credentials",
    "access_key")
secret_key = parser.get(
    "aws_boto_credentials",
    "secret_key")
bucket_name = parser.get(
    "aws_boto_credentials",
    "bucket_name")
s3 = boto3.client(
    's3',
    aws_access_key_id=access_key,
    aws_secret_access_key=secret_key)

s3_file = local_filename

s3.upload_file(
    local_filename,
    bucket_name,
    s3_file)
```

경고

전체 작업이든 증분 작업이든 대규모 추출 작업은 소스 MySQL 데이터베이스에 부담을 주며 프로덕션 쿼리 실행도 차단할 수 있다. 데이터베이스 소유자와 상의하여 기본 원본 데이터베이스에서 추출하는 대신 추출할 복제본을 설정하는 것을 고려하라.

MySQL 데이터의 이진 로그 복제

구현하기는 더 복잡하지만, 대용량 데이터 수집이 필요한 경우 변경 사항을 복제하기 위해 MySQL 이진 로그 내용을 사용하는 것이 더 효과적이다.

 Note

이진 로그는 CDC(변경 데이터 캡처)의 한 형태다. 대부분의 원본 데이터 저장소에는 사용할 수 있는 CDC 형식이 있다.

MySQL 이진 로그는 데이터베이스에서 수행된 모든 작업에 대한 기록을 보관하는 로그다. 예를 들어 구성된 방식에 따라 모든 테이블의 생성 또는 수정 사항뿐만 아니라 모든 INSERT, UPDATE 및 DELETE 작업도 기록된다. 이진 로그의 원래 목적은 다른 MySQL 인스턴스로 데이터를 복제하기 위한 것이지만, 이진 로그의 내용은 데이터 웨어하우스로 데이터를 수집하려는 데이터 엔지니어에게 매우 매력적이다.

💡 **사전 구축된 프레임워크 사용 고려**

이진 로그 복제의 복잡성으로 인해 이러한 방식으로 데이터를 수집하려면 오픈소스 프레임워크 또는 상용 제품을 고려하는 것이 좋다. 70페이지의 '카프카 및 Debezium을 통한 스트리밍 데이터 수집'에서 이러한 옵션 중 하나에 대해 설명한다. 이 장의 뒷부분에서 언급하는 일부 상용 도구는 이진 로그 수집 또한 지원한다.

데이터 웨어하우스가 MySQL 데이터베이스가 아닐 가능성이 높기 때문에 그런 경우 단순하게 내장된 MySQL 복제 기능을 사용할 수는 없다. MySQL이 아닌 곳으로 데이터를 수집하기 위해 이진 로그를 사용하려면 다음과 같은 여러 단계를 수행해야 한다.

1. MySQL 서버에서 이진 로그를 활성화하고 구성한다.

2. 초기 전체 테이블 추출을 실행하고 로드한다.

3. 지속적으로 이진 로그를 추출한다.

4. 추출된 이진 로그를 데이터 웨어하우스로 변환하여 로드한다.

3단계는 자세히 설명하지는 않지만 이진 로그를 수집 단계에서 사용하려면 먼저 목적지인 데이터 웨어하우스의 테이블을 소스인 MySQL 데이터베이스 테이블의 현재 상태로 채워야 한다. 그다음 이진 로그를 사용하여 후속 변경 사항을 수집해야 한다. 그렇게 하려면 이진 로그 수집을 켜기 전에 추출할 소스 테이블에 LOCK을 설정한 뒤 해당 테이블에 대해 `mysqldump`를 실행한 다음 `mysqldump` 결과를 데이터 웨어하우스의 테이블에 로드해야 한다.

이진 로그를 활성화 및 구성하는 방법은 최신 MySQL 이진 로그 설명서[7]를 참조하는 것이 가장 좋지만 여기에서도 주요 구성 설정을 확인하겠다.

 소스 시스템 소유자와의 논의

MySQL 소스 시스템에서 이진 로그의 구성을 수정하기 위한 접근 권한은 종종 시스템 관리자에게만 부여된다. 데이터를 수집하려는 데이터 엔지니어는 변경 사항이 MySQL 서버 자체뿐만 아니라 다른 시스템에 영향을 미칠 수 있으므로 이진 로그 구성을 변경하기 전에 항상 데이터베이스 소유자와 논의하고 함께 작업해야 한다.

이진 로그 구성과 관련하여 MySQL 데이터베이스에서 선행되어야 하는 두 가지 주요 설정이 있다.

먼저 이진 로깅이 활성화되어 있는지 확인한다. 일반적으로 디폴트 값으로 활성화되어 있지만 데이터베이스에서 다음 SQL 쿼리를 실행하여 확인할 수 있다(정확한 구문은 MySQL 버전에 따라 다를 수 있음).

```
SELECT variable_value as bin_log_status
FROM performance_schema.global_variables
WHERE variable_name='log_bin';
```

이진 로깅을 사용하도록 설정하면 다음이 표시된다. 반환된 상태가 OFF인 경우 MySQL 설명서를 참조하여 해당 버전을 활성화해야 한다.

```
+ — — — — — — — — — — — — — — — — — +
| bin_log_status :: |
+ — — — — — — — — — — — — — — — — — +
| ON |
```

---

7 https://dev.mysql.com/doc/refman/8.0/en/binary-log.html

```
+ — — — — — — — — — — — — — — — — — — +
1 row in set (0.00 sec)
```

그런 다음 이진 로깅 형식이 적절하게 설정되어 있는지 확인한다. MySQL의 최신 버전에서는 세 가지 형식이 지원된다.

- STATEMENT

- ROW

- MIXED

STATE 형식은 이진 로그에 행을 삽입하거나 수정하는 행동들에 대해 SQL 문 자체를 기록한다. 하나의 MySQL 데이터베이스에서 다른 MySQL 데이터베이스로 데이터를 복제하려는 경우 이 형식이 유용하다. 데이터를 복제하기 위해 모든 SQL 문을 실행하여 데이터베이스 상태를 복제할 수 있다. 그러나 추출된 데이터는 다른 플랫폼에서 실행되는 데이터 웨어하우스에 바인딩되어야 하기 때문에 MySQL 데이터베이스에서 생성된 SQL 문이 데이터 웨어하우스와 호환되지 않을 수 있다.

ROW 형식을 사용하면 테이블의 행에 대한 모든 변경 사항이 SQL 문이 아니라 행 자체의 데이터로 이진 로그 행에 표시된다. 이것이 주로 사용하는 기본 형식이다.

MIXED 형식은 이진 로그에 STATE 형식 레코드와 ROW 형식 레코드를 모두 기록한다. 나중에 ROW 데이터만 걸러낼 수도 있지만, 이진 로그를 다른 용도로 사용하지 않는 한 결국 디스크 공간을 추가로 사용하게 되기 때문에 MIXED를 활성화할 필요는 없다.

다음 SQL 쿼리를 실행하여 현재 이진 로그의 형식을 확인할 수 있다.

```sql
SELECT variable_value as bin_log_format
FROM performance_schema.global_variables
WHERE variable_name='binlog_format';
```

이 명령어는 현재 활성화된 형식을 반환해준다.

```
+ — — — — — — — — — — — — — — — — — +
| bin_log_status :: |
```

```
+ — — — — — — — — — — — — — — — — — +
| ON |
+ — — — — — — — — — — — — — — — — — +
1 row in set (0.00 sec)
```

일반적으로 이진 로그 형식과 기타 구성 설정은 MySQL 데이터베이스 인스턴스 관련 **my.cnf** 파일에서 설정된다. 파일을 열면 다음과 같은 행이 표시된다.

```
[mysqld]
binlog_format=row
........
```

다시 말하지만, 구성을 수정하기 전에 MySQL 데이터베이스 소유자와 논의하거나 최신 MySQL 설명서를 참조하는 것이 가장 좋다.

이제 이진 로깅이 ROW 형식으로 사용되도록 설정되었으므로 관련 정보를 추출하여 데이터 웨어 하우스에 로드할 파일에 저장하는 프로세스를 구축할 수 있다.

이진 로그에서 가져올 ROW 형식 이벤트에는 세 가지 유형이 있다. 이 통합 예제를 위해 로그에 있는 다른 이벤트를 무시할 수 있지만 심화 복제 전략에서는 테이블 구조를 수정하는 이벤트를 추출하는 것도 중요하다. 작업할 이벤트는 다음과 같다.

- WRITE_ROWS_EVENT
- UPDATE_ROWS_EVENT
- DELETE_ROWS_EVENT

다음은 이진 로그에서 이벤트를 가져올 차례다. 다행히도 시작하는 데 사용할 수 있는 몇 가지 오픈 소스 파이썬 라이브러리가 있다. 가장 인기 있는 것 중 하나는 GitHub[8]에서 찾을 수 있는 python-mysql-replication 프로젝트다. 시작하려면 pip을 사용하여 설치한다.

```
(env) $pip install mysql-replication
```

---

8 https://github.com/noplay/python-mysql-replication

이진 로그가 어떻게 출력되는지 알아보기 위해 데이터베이스에 연결하고 이진 로그를 읽어 보자. 이 예제에서는 이 섹션 앞부분의 전체 및 증분 수집 예제에 대해 **pipeline.conf** 파일에 추가된 MySQL 연결 정보를 사용한다.

> 다음 예제는 MySQL 서버의 기본 이진 로그 파일에서 읽는다. 기본 이진 로그 파일 이름과 경로는 MySQL 데이터베이스의 my.cnf 파일에 저장된 log_bin 변수에 설정된다. 어떤 경우에는 이진 로그는 시간(매일 또는 매시간)에 따라 순환된다. 그런 경우에는 MySQL 관리자가 선택한 로그 순환 방법 및 파일 이름 지정 체계에 따라 파일 경로를 결정하고 BinLogStreamReader 인스턴스를 만들 때 그것을 log_file 매개변수에 값으로 전달해야 한다. 자세한 내용은 BinLogStreamReader 클래스에 대한 설명서[9]를 참조한다.

```python
from pymysqlreplication import BinLogStreamReader
from pymysqlreplication import row_event
import configparser
import pymysqlreplication

# MySQL 연결 정보 가져옴
parser = configparser.ConfigParser()
parser.read("pipeline.conf")
hostname = parser.get("mysql_config", "hostname")
port = parser.get("mysql_config", "port")
username = parser.get("mysql_config", "username")
password = parser.get("mysql_config", "password")

mysql_settings = {
    "host": hostname,
    "port": int(port),
    "user": username,
    "passwd": password
}

b_stream = BinLogStreamReader(
            connection_settings = mysql_settings,
            server_id=100,
```

---

9 https://python-mysql-replication.readthedocs.io/en/latest/binlogstream.html

```
                only_events=[row_event.DeleteRowsEvent,
                             row_event.WriteRowsEvent,
                             row_event.UpdateRowsEvent]
            )

    for event in b_stream:
        event.dump()


    b_stream.close()
```

예제에서 인스턴스화된 BinLogStreamReader 개체에 대해 몇 가지 주의할 사항이 있다. 이 개체는 먼저 **pipeline.conf** 파일에 지정된 MySQL 데이터베이스에 연결하고 특정 이진 로그 파일을 읽는다. 다음으로 resume_stream=True 설정과 log_pos 값은 지정된 지점에서 이진 로그를 읽기 시작하게 한다. 예시에서는 1400번 위치다. 마지막으로, BinLogStreamReader에게 deleteRowsEvent, WriteRowsEvent 및 UpdateRowsEvent(only_Events 매개변수를 사용하는 이벤트)만 읽도록 지시한다.

그런 다음, 스크립트는 모든 이벤트를 반복하고 사람이 읽을 수 있는 형식으로 출력한다. Orders 테이블이 있는 데이터베이스의 경우 다음과 같은 항목이 출력된다.

```
=== WriteRowsEvent ===
Date: 2020-06-01 12:00:00
Log position: 1400
Event size: 30
Read bytes: 20
Table: orders
Affected columns: 3
Changed rows: 1
Values:
--
* OrderId : 1
* OrderStatus : Backordered
* LastUpdated : 2020-06-01 12:00:00

=== UpdateRowsEvent ===
Date: 2020-06-09 12:00:25
Log position: 1401
```

```
Event size: 56
Read bytes: 15
Table: orders
Affected columns: 3
Changed rows: 1
Affected columns: 3
Values:
--
* OrderId : 1 => 1
* OrderStatus : Backordered => Shipped
* LastUpdated : 2020-06-01 12:00:00 => 2020-06-09 12:00:25
```

보이는 것처럼 OrderId 1의 INSERT 및 UPDATE를 나타내는 두 가지 이벤트가 있으며, 이는 표 4-3에 나와 있다. 이 가상의 예제에서 두 순차적 이진 로그 이벤트는 며칠 간격으로 발생하지만 실제 환경에서는 데이터베이스 변경사항을 모두 나타내는 수많은 이벤트가 두 이벤트 사이에 있을 것이다.

 Note
> BinLogStreamReader의 시작 위치를 알려주는 log_pos 값은 다음 추출이 실행될 때 선택할 위치를 추적하기 위해 테이블에 저장해야 하는 값이다. 추출이 시작될 때 읽을 수 있고 쓸 수 있는 데이터 웨어하우스의 로그 테이블에 값을 저장하고 종료 시 최종 이벤트의 위치 값을 저장하는 것이 가장 좋다.

코드 예제를 통해 이벤트를 사람이 읽을 수 있는 형식으로 표시하지만, 출력을 데이터 웨어하우스로 쉽게 로드하려면 몇 가지 작업을 더 수행해야 한다.

- 데이터를 다른 형식으로 구문 분석(parsing)하고 기록한다. 로딩을 단순화하기 위해 다음 코드 예제에서는 CSV 파일의 행에 각 이벤트를 기록한다.

- 추출 및 로드하려는 테이블당 하나의 파일을 작성한다. 예제의 이진 로그에는 Orders 테이블과 관련된 이벤트만 포함되지만 실제 이진 로그에는 다른 테이블과 관련된 이벤트도 포함될 가능성이 높다.

첫 번째 변경 사항을 해결하기 위해 .dump() 함수를 사용하는 대신 이벤트 속성을 구문 분석하여 CSV 파일에 쓴다. 두 번째 경우에는 각 테이블에 대한 파일을 작성하는 대신 단순성을 위해 **orders_extract.csv**라는 파일에 Orders 테이블과 관련된 이벤트만 기록한다. 구현된 전체 추출에서 이 코드 예제를 수정하여 테이블별로 이벤트를 그룹화하고 변경 내용을 수집하려는 각 테이블마다 하나씩 파일을 여러 개 작성한다. 최종 코드 예제의 마지막 단계에서는 CSV 파일을 S3 버킷에 업로드하여 데이터 웨어하우스에 로드할 수 있다. 자세한 내용은 5장에서 설명한다.

```python
from pymysqlreplication import BinLogStreamReader
from pymysqlreplication import row_event
import configparser
import pymysqlreplication
import csv
import boto3

# MySQL 연결 정보 가져옴
parser = configparser.ConfigParser()
parser.read("pipeline.conf")
hostname = parser.get("mysql_config", "hostname")
port = parser.get("mysql_config", "port")
username = parser.get("mysql_config", "username")
password = parser.get("mysql_config", "password")
mysql_settings = {
    "host": hostname,
    "port": int(port),
    "user": username,
    "passwd": password
}

b_stream = BinLogStreamReader(
        connection_settings = mysql_settings,
        server_id=100,
        only_events=[row_event.DeleteRowsEvent,
                row_event.WriteRowsEvent,
                row_event.UpdateRowsEvent]
        )

order_events = []

for binlogevent in b_stream:
  for row in binlogevent.rows:
    if binlogevent.table == 'orders':
```

```python
        event = {}
        if isinstance(
                binlogevent,row_event.DeleteRowsEvent
          ):
          event["action"] = "delete"
          event.update(row["values"].items())
        elif isinstance(
                binlogevent,row_event.UpdateRowsEvent
          ):
          event["action"] = "update"
          event.update(row["after_values"].items())
        elif isinstance(
                binlogevent,row_event.WriteRowsEvent
          ):
          event["action"] = "insert"
          event.update(row["values"].items())

        order_events.append(event)

b_stream.close()


keys = order_events[0].keys()
local_filename = 'orders_extract.csv'
with open(
        local_filename,
        'w',
        newline='') as output_file:
    dict_writer = csv.DictWriter(
                output_file, keys,delimiter='¦')
    dict_writer.writerows(order_events)


# aws_boto_credentials 값을 로드
parser = configparser.ConfigParser()
parser.read("pipeline.conf")
access_key = parser.get(
                "aws_boto_credentials",
                "access_key")
secret_key = parser.get(
```

```
                    "aws_boto_credentials",
                    "secret_key")
    bucket_name = parser.get(
                    "aws_boto_credentials",
                    "bucket_name")

    s3 = boto3.client(
        's3',
        aws_access_key_id=access_key,
        aws_secret_access_key=secret_key)

    s3_file = local_filename

    s3.upload_file(
        local_filename,
        bucket_name,
        s3_file)
```

실행 후 orders_extract.csv는 다음과 같이 표시된다.

```
insert|1|Backordered|2020-06-01 12:00:00
update|1|Shipped|2020-06-09 12:00:25
```

5장에서 논의하겠지만, 결과 CSV 파일의 형식은 빠른 로딩에 최적화되어 있다. 추출된 데이터
를 이해하는 것은 파이프라인의 변환 단계를 위한 작업이며 6장에서 자세히 검토한다.

PostgreSQL 데이터베이스에서 데이터 추출

MySQL과 마찬가지로, PostgreSQL(일반적으로 Postgres라고 함) 데이터베이스에서 데이터를
수집하려면 SQL을 사용한 전체 또는 증분 추출을 사용하거나 다른 노드에 대한 복제를 지원하
는 데이터베이스의 기능을 활용하는 방법 중 하나를 사용할 수 있다. Postgres의 경우 이 작업을
수행하는 몇 가지 방법이 있지만, 이 장에서는 **Postgres WAL(Write-Ahead Log)**을 데이터
스트림으로 변환하는 한 가지 방법을 중점적으로 다룬다.

이전 섹션과 마찬가지로 이 섹션은 기존 Postgres 데이터베이스에서 데이터를 수집해야 하는 사용자를 대상으로 한다. 그러나 코드 예제만 사용하려는 경우 로컬 컴퓨터에 Postgres를 설치[10] 하거나 AWS에서 RDS 인스턴스[11]를 사용(개인적으로 이 방안을 권고함)하여 Postgres를 설정할 수 있다. RDS Postgres에도 적용되는 RDS MySQL의 가격 및 보안 관련 모범 사례에 대한 참고 사항은 이전 섹션을 참조하기 바란다.

이 섹션의 코드 예제는 매우 간단하며 Postgres 데이터베이스의 Orders라는 테이블을 참고한다. 작업할 Postgres 인스턴스가 있으면 다음 SQL 명령을 실행하여 테이블을 만들고 일부 샘플 행을 삽입할 수 있다.

```
CREATE TABLE Orders (
  OrderId int,
  OrderStatus varchar(30),
  LastUpdated timestamp
);
INSERT INTO Orders
  VALUES(1,'Backordered', '2020-06-01 12:00:00');
INSERT INTO Orders
  VALUES(1,'Shipped', '2020-06-09 12:00:25');
INSERT INTO Orders
  VALUES(2,'Shipped', '2020-07-11 3:05:00');
INSERT INTO Orders
  VALUES(1,'Shipped', '2020-06-09 11:50:00');
INSERT INTO Orders
  VALUES(3,'Shipped', '2020-07-12 12:00:00');
```

전체 또는 증분 Postgres 테이블 추출

이 방법은 33페이지의 'MySQL 데이터베이스에서 데이터 추출'에서 설명한 전체 및 증분 추출과 유사하다. 너무 유사해서 다른 점 하나만 설명하겠다. 앞 섹션의 예제와 마찬가지로 이 예제는 소스 데이터베이스의 Orders라는 테이블에서 데이터를 추출하여 CSV 파일에 쓴 다음 S3 버킷에 업로드한다.

---

10 https://www.postgresql.org/download/
11 https://aws.amazon.com/getting-started/hands-on/create-connect-postgresql-db/

유일한 차이점은 데이터를 추출하는 데 사용할 파이썬 라이브러리다. PyMySQL 대신 `pyscopg2`를 사용하여 Postgres 데이터베이스에 연결할 것이다. 아직 설치하지 않은 경우 `pip`을 사용하여 설치할 수 있다.

```
(env) $pip install pyscopg2
```

또한 Postgres 데이터베이스에 대한 연결 정보가 있는 **pipeline.conf** 파일에 새 섹션을 추가해야 한다.

```
[postgres_config]
host = myhost.com
port = 5432
username = my_username
password = my_password
database = db_name
```

`Orders` 테이블의 전체 추출을 실행하는 코드는 MySQL 섹션의 예제와 거의 동일하지만 `pyscopg2`를 사용하여 원본 데이터베이스에 연결하고 쿼리를 실행한다. 다음은 전체 코드다.

```python
import psycopg2
import csv
import boto3
import configparser

parser = configparser.ConfigParser()
parser.read("pipeline.conf")
dbname = parser.get("postgres_config", "database")
user = parser.get("postgres_config", "username")
password = parser.get("postgres_config",
    "password")
host = parser.get("postgres_config", "host")
port = parser.get("postgres_config", "port")

conn = psycopg2.connect(
        "dbname=" + dbname
        + " user=" + user
```

```
                + " password=" + password
                + " host=" + host,
            port = port)

m_query = "SELECT * FROM Orders;"
local_filename = "order_extract.csv"

m_cursor = conn.cursor()
m_cursor.execute(m_query)
results = m_cursor.fetchall()

with open(local_filename, 'w') as fp:
    csv_w = csv.writer(fp, delimiter='¦')
    csv_w.writerows(results)

fp.close()
m_cursor.close()
conn.close()

# aws_boto_credentials 값을 로드
parser = configparser.ConfigParser()
parser.read("pipeline.conf")
access_key = parser.get(
                "aws_boto_credentials",
                "access_key")
secret_key = parser.get(
                "aws_boto_credentials",
                "secret_key")
bucket_name = parser.get(
                "aws_boto_credentials",
                "bucket_name")

s3 = boto3.client(
        's3',
        aws_access_key_id = access_key,
        aws_secret_access_key = secret_key)
```

```
s3_file = local_filename

s3.upload_file(
    local_filename,
    bucket_name,
    s3_file)
```

MySQL 섹션에 있는 증분 버전을 수정하는 것은 간단하다. `PyMySQL` 대신 `psycopg2`를 사용하기만 하면 된다.

Write-Ahead 로그를 사용한 데이터 복제

MySQL 이진 로그와 같이(앞 절에서 설명했듯이) Postgres WAL은 추출을 위한 CDC 방법으로 사용할 수 있다. MySQL 이진 로그와 마찬가지로 파이프라인에서 데이터를 수집하기 위해 WAL을 사용하는 것은 꽤 복잡하다.

MySQL 이진 로그와 함께 예제로 사용한 것과 유사하고 단순화된 접근 방식을 취할 수 있지만, 여기서는 Debezium이라는 오픈 소스 분산 플랫폼을 사용하여 Postgres WAL의 콘텐츠를 S3 버킷이나 데이터 웨어하우스로 스트리밍하는 것을 제안한다.

Debezium 서비스 구성 및 실행의 세부사항은 책 전체를 할애할 가치가 있는 주제지만, 여기서는 70페이지의 '카프카 및 Debezium을 통한 스트리밍 데이터 수집'에서 Debezium에 대한 개요와 데이터 수집에 사용할 수 있는 방법을 설명한다. 거기서 Postgres CDC에서 사용하는 방법도 자세히 알 수 있다.

MongoDB에서 데이터 추출

이번 예제에서는 집합(collection)에서 MongoDB 문서(document)의 하위 집합을 추출하는 방법을 보여준다. 이 예제의 MongoDB 집합에서 문서는 웹 서버와 같은 일부 시스템에서 기록된 이벤트를 나타낸다. 각 문서에는 작성 시점의 타임스탬프와 코드 예제가 추출하는 여러 속성이 있다. 추출을 완료한 후 데이터는 CSV 파일에 기록되고 S3 버킷에 저장되어 향후 단계에서 데이터 웨어하우스에 로드될 수 있다(5장 참조).

MongoDB 데이터베이스에 연결하려면 먼저 PyMongo 라이브러리를 설치해야 한다. 다른 파이썬 라이브러리와 마찬가지로 pip을 사용하여 설치할 수 있다.

```
(env) $pip install pymongo
```

물론 다음 코드 예제를 수정하여 자신의 MongoDB 인스턴스에 연결하고 문서에서 데이터를 추출할 수도 있지만, 샘플을 있는 그대로 실행하려면 MongoDB Atlas로 MongoDB 클러스터를 무료로 생성하면 된다. Atlas는 완전 관리형 MongoDB 서비스이며, 여기서 제공하는 것과 같은 예제를 실행할 수 있는 충분한 스토리지 및 컴퓨팅 능력을 갖춘 프리티어 환경을 평생(free-for-life) 제공한다. 원한다면 프로덕션 배포를 위한 유료 계정으로 업그레이드할 수 있다.

MongoDB의 Atlas 지침[12]에 따라 Atlas에서 무료 MongoDB 클러스터를 생성하고, 데이터베이스를 생성하고, 로컬 컴퓨터에서 실행되는 파이썬스크립트를 통해 연결할 수 있도록 구성하는 방법을 배울 수 있다.

MongoDB Atlas에서 호스팅하는 클러스터에 연결할 때 pymongo를 사용하려면 dnspython이라는 파이썬 라이브러리를 하나 더 설치해야 한다. 이 역시 pip을 사용하여 설치할 수 있다.

```
(env) $pip install dnspython
```

다음으로 데이터를 추출할 MongoDB 인스턴스에 대한 연결 정보를 **pipeline.conf** 파일에 새 섹션으로 추가한다. 각 줄에 연결 세부 정보를 입력한다. MongoDB Atlas를 사용 중이고 클러스터를 설정할 때 사용한 값을 기억할 수 없는 경우 Atlas 문서[13]를 통해 찾는 방법을 배울 수 있다.

```
[mongo_config]
hostname = my_host.com
username = mongo_user
password = mongo_password
database = my_database
collection = my_collection
```

---

12 https://docs.atlas.mongodb.com/getting-started/

13 https://docs.atlas.mongodb.com/tutorial/connect-to-your-cluster/#open-the-connect-dialog-1

추출 스크립트를 만들고 실행하기 전에 작업할 샘플 데이터를 삽입한다. 다음 코드를 사용하여 sample_mongodb.py라는 파일을 만든다.

```python
from pymongo import MongoClient
import datetime
import configparser

# mongo_config 값을 로드
parser = configparser.ConfigParser()
parser.read("pipeline.conf")
hostname = parser.get("mongo_config", "hostname")
username = parser.get("mongo_config", "username")
password = parser.get("mongo_config", "password")
database_name = parser.get("mongo_config","database")
collection_name = parser.get("mongo_config","collection")

mongo_client = MongoClient(
                "mongodb+srv://" + username
                + ":" + password
                + "@" + hostname
                + "/" + database_name
                + "?retryWrites=true&"
                + "w=majority&ssl=true&"
                + "ssl_cert_reqs=CERT_NONE")

# 컬렉션이 위치한 db에 연결
mongo_db = mongo_client[database_name]

# 문서를 쿼리할 컬렉션을 선택
mongo_collection = mongo_db[collection_name]

event_1 = {
  "event_id": 1,
  "event_timestamp": datetime.datetime.today(),
  "event_name": "signup"
}
```

```
event_2 = {
  "event_id": 2,
  "event_timestamp": datetime.datetime.today(),
  "event_name": "pageview"
}

event_3 = {
  "event_id": 3,
  "event_timestamp": datetime.datetime.today(),
  "event_name": "login"
}

# 3개 문서 입력
mongo_collection.insert_one(event_1)
mongo_collection.insert_one(event_2)
mongo_collection.insert_one(event_3)
```

실행하면 세 개의 문서가 MongoDB 컬렉션에 삽입된다.

```
(env) $ python sample_mongodb.py
```

이제 다음 코드를 추가할 수 있게 **mongo_extract.py**라는 새로운 파이썬 스크립트를 만든다.

먼저 PyMongo와 Boto3를 임포트하여 MongoDB 데이터베이스에서 데이터를 추출하고 그 결과를 S3 버킷에 저장할 수 있다. 또한 csv 라이브러리를 가져와 추출된 데이터를 수집 로드 단계에서 데이터 웨어하우스로 쉽게 가져올 수 있는 플랫 파일로 정형화하고 쓸 수 있다. 마지막으로, MongoDB 컬렉션의 샘플 이벤트 데이터를 반복할 수 있게 몇 가지 datetime 함수를 사용한다.

```
from pymongo import MongoClient
import csv
import boto3
import datetime
from datetime import timedelta
import configparser
```

그런 다음 **pipelines.conf** 파일에 지정된 MongoDB 인스턴스에 연결하고 추출할 문서가 저장된 컬렉션 개체를 선택한다.

```
# mongo_config 값을 로드
parser = configparser.ConfigParser()
parser.read("pipeline.conf")
hostname = parser.get("mongo_config", "hostname")
username = parser.get("mongo_config", "username")
password = parser.get("mongo_config", "password")
database_name = parser.get("mongo_config", "database")
collection_name = parser.get("mongo_config", "collection")


mongo_client = MongoClient(
                "mongodb+srv://" + username
        + ":" + password
        + "@" + hostname
        + "/" + database_name
        + "?retryWrites=true&"
        + "w=majority&ssl=true&"
        + "ssl_cert_reqs=CERT_NONE")

# 컬렉션이 위치한 db에 연결
mongo_db = mongo_client[database_name]

# 문서를 쿼리할 컬렉션을 선택
mongo_collection = mongo_db[collection_name]
```

이제 추출할 문서를 조회할 차례다. mongo_collection의 .find() 기능을 호출하여 찾으려는 문서를 쿼리할 수 있다. 다음 예제에서는 event_timestamp 필드에 스크립트에서 정의한 두 날짜 사이의 값을 가진 모든 문서를 가져온다.

Note
데이터 저장소에서 로그 레코드나 일반 '이벤트' 레코드와 같이 변경되지 않는 데이터를 날짜 범위별로 추출하는 것은 일반적인 사용 사례다. 코드 예제에서는 스크립트에 정의되어 있는 날짜 시간 범위를 사용하지만 날짜 시간 범위를 스크립트에 전달하거나, 마지막으로 로드된 이벤트의 날짜 시간 데이터를 가져오고 이를 바탕으로 소스 데이터에서 로딩되었던 레코드들의 후속 레코드를 추출할 가능성이 높다. 그 예는 33페이지의 'MySQL 데이터베이스에서 데이터 추출'을 참고한다.

```
start_date = datetime.datetime.today() + time
delta(days = -1)
end_date = start_date + timedelta(days = 1 )

mongo_query = { "$and":[{"event_timestamp" :
{ "$gte": start_date }}, {"event_timestamp" :
{ "$lt": end_date }}] }

event_docs = mongo_collection.find(mongo_query, batch_size=3000)
```

> 이 예제에서 batch_size 매개변수는 3000으로 설정된다. PyMongo는 각 배치에 대해 MongoDB
> 호스트를 왕복한다. 예를 들어 result_docs Cursor에 6,000개의 결과가 있는 경우, 파이썬 스크립트가
> 실행 중인 시스템으로 모든 문서를 가져오려면 MongoDB 호스트로 두 번 이동하게 된다. 배치 크기 값을
> 얼마로 설정할지는 사용자에게 달려 있으며, MongoDB 인스턴스 간의 왕복 횟수와 추출을 실행하는
> 시스템의 메모리를 얼마나 사용할지의 균형에 따라 달라진다.

이전 코드의 결과는 결과 문서를 반복하는 데 사용할 event_docs라는 커서다. 이 간단한 예에서
각 문서는 웹 서버와 같은 시스템에서 생성된 이벤트를 나타낸다는 사실을 상기하자. 이벤트는
사용자가 로그인, 페이지 보기 또는 피드백 양식 제출과 같은 것을 나타낼 수 있다. 문서에는 사
용자가 로그인한 브라우저와 같은 항목을 나타내는 필드가 수십 개 있을 수 있지만, 이 예에서는
몇 개의 필드만 사용한다.

```python
# 결과를 저장할 빈 리스트를 생성
all_events = []

# 커서를 통해 반복 작업
for doc in event_docs:
    # 기본 값을 포함
    event_id = str(doc.get("event_id", -1))
    event_timestamp = doc.get(
                        "event_timestamp", None)
    event_name = doc.get("event_name", None)

    # 리스트에 모든 이벤트 속성을 추가
    current_event = []
```

```
        current_event.append(event_id)
        current_event.append(event_timestamp)
        current_event.append(event_name)

        # 이벤트의 최종 리스트에 이벤트를 추가
        all_events.append(current_event)
```

여기서는 doc.get() 함수 호출(-1 또는 none)에 기본값을 넣었다. 그 이유는 비정형 문서 데이터의 특성상 문서에서 필드가 모두 누락될 수 있기 때문이다. 다시 말해, 반복하는 각 문서에 'event_name' 또는 다른 필드가 있다고 가정할 수 없다. 이 경우 오류를 발생시키는 대신 none 값을 반환하도록 doc.get()에 지시한다.

event_docs의 모든 이벤트를 반복하고 나면 all_events 목록은 CSV 파일에 쓸 준비가 된다. 이렇게 하기 위해 표준 파이썬 배포에 포함되어 있고 이 예제의 앞부분에서 가져온 csv 모듈을 사용한다.

```
export_file = "export_file.csv"

with open(export_file, 'w') as fp:
        csvw = csv.writer(fp, delimiter='|')
        csvw.writerows(all_events)

fp.close()
```

이제, CSV 파일을 31페이지의 '클라우드 파일 스토리지 설정'에서 구성한 S3 버킷에 업로드한다. 이렇게 하려면 Boto3 라이브러리를 사용한다.

```
# aws_boto_credentials 값을 로드
parser = configparser.ConfigParser()
parser.read("pipeline.conf")
access_key = parser.get("aws_boto_credentials", "access_key")
secret_key = parser.get("aws_boto_credentials", "secret_key")
bucket_name = parser.get("aws_boto_credentials", "bucket_name")

s3 = boto3.client('s3',
        aws_access_key_id=access_key,
```

```
        aws_secret_access_key=secret_key)

    s3_file = export_file

    s3.upload_file(export_file, bucket_name, s3_file)
```

이게 전부다. MongoDB 컬렉션에서 추출된 데이터는 이제 S3 버킷에 저장되어 데이터 웨어하우스나 다른 데이터 저장소에 로드되기를 기다리고 있다. 제공된 예제 데이터를 사용한 경우 **export_file.csv**의 내용은 다음과 같다.

```
1|2020-12-13 11:01:37.942000|signup
2|2020-12-13 11:01:37.942000|pageview
3|2020-12-13 11:01:37.942000|login
```

선택한 데이터스토어에 데이터를 로드하는 방법에 대한 자세한 내용은 5장을 참조한다.

REST API에서 데이터 추출

REST API는 데이터를 추출하는 흔한 방법이다. 조직에서 만들고 유지 관리하는 API에서 데이터를 수집하거나 Salesforce, HubSpot 또는 Twitter와 같이 조직에서 사용하는 외부 서비스/공급업체의 API에서 데이터를 수집해야 할 수도 있다. API에 관계없이 데이터 추출에는 공통 패턴이 있으며, 다음의 간단한 예제에서 사용할 것이다.

1. API 엔드포인트로 HTTP GET 요청을 보낸다.

2. JSON 형식일 가능성이 높은 응답을 수락한다.

3. 응답을 구문 분석하고 나중에 데이터 웨어하우스에 로드할 수 있는 CSV 파일로 변환(평탄화)한다.

 Note

개인적으로는 JSON 형식으로 온 응답을 구문 분석(parsing)하여 플랫 파일(CSV)에 저장하지만, 데이터를 데이터 웨어하우스에 로드하기 위해 JSON 형식으로 저장할 수도 있다. 단순함을 위해 이 장에서는 CSV 파일을 사용하는 패턴을 사용한다. CSV 이외의 형식으로 데이터를 로드하는 방법에 대한 자세한 내용은 5장 또는 데이터웨어하우스 설명서를 참조한다.

이 예제에서는 Open Notify라는 API에 연결한다. API에는 여러 개의 엔드포인트가 있으며, 각 엔드포인트에는 우주에서 일어나는 일에 대한 NASA의 데이터가 반환된다. 여기서는 국제 우주 정거장(ISS)이 지구상의 주어진 위치를 통과할 다섯 개의 순차적 응답을 반환하는 엔드포인트를 쿼리하겠다.

💡 **특정 API용 파이썬 라이브러리**

이 섹션의 파이썬 코드 예제를 사용하여 REST API를 쿼리할 수 있다. 그러나 쿼리하려는 API를 위해 특별히 빌드된 파이썬 라이브러리가 있는 경우 시간과 노력을 절약할 수 있다. 예를 들어 tweepy 라이브러리는 파이썬 개발자가 트위터 API에 쉽게 액세스하고 트위터 사용자와 같은 일반적인 트위터 데이터 구조를 처리할 수 있게 한다.

엔드포인트 쿼리를 위한 파이썬 코드를 공유하기 전에 브라우저에 다음 URL을 입력하여 간단한 쿼리의 출력을 확인할 수 있다.

```
http://api.open-notify.org/iss-pass.json?lat=42.36&lon=71.05
```

JSON 형식의 결과는 다음과 같다.

```
{
  "message": "success",
  "request": {
    "altitude": 100,
    "datetime": 1596384217,
    "latitude": 42.36,
    "longitude": 71.05,
    "passes": 5
  },
  "response": [
    {
      "duration": 623,
      "risetime": 1596384449
    },
    {
      "duration": 169,
      "risetime": 1596390428
```

```
    },
    {
      "duration": 482,
      "risetime": 1596438949
    },
    {
      "duration": 652,
      "risetime": 1596444637
    },
    {
      "duration": 624,
      "risetime": 1596450474
    }
  ]
}
```

여기서 추출하고자 하는 내용은 응답 데이터에서 ISS가 해당 위도/경도를 통과했던 각 지속 시간(duration)과 상승 시간(risetime)을 한 줄씩 CSV 파일로 전달하는 것이다. 예를 들어 CSV 파일의 처음 두 줄은 다음과 같다.

```
42.36,¦71.05¦623¦1596384449
42.36,¦71.05¦169¦1596390428
```

API를 쿼리하고 파이썬에서 응답을 처리하려면 requests 라이브러리를 설치해야 한다. Requests 라이브러리를 통해 파이썬에서 HTTP 요청 및 응답을 쉽게 사용할 수 있다. pip을 사용하여 설치할 수 있다.

```
(env) $ pip install requests
```

이제 요청을 사용하여 API 엔드포인트를 쿼리하고 응답을 받은 후 브라우저에서 본 것과 같은 결과 JSON을 확인할 수 있다.

```
import requests

lat = 42.36
```

```
lon = 71.05
lat_log_params = {"lat": lat, "lon": lon}

api_response = requests.get(
    "http://api.open-notify.org/iss-pass.json", params=lat_log_params)

print(api_response.content)
```

이번에는 JSON을 출력하는 대신 지속 시간과 상승 시간 값 결과를 CSV 파일로 작성한 후 S3 버킷에 업로드하겠다.

JSON 응답을 구문 분석하기 위해 파이썬의 json 라이브러리를 가져온다. 이 라이브러리는 표준 파이썬 설치와 함께 제공되므로 설치할 필요가 없다. 다음으로 CSV 파일 작성을 위해 표준 파이썬 배포에도 포함되어 있는 csv 라이브러리를 가져온다. 마지막으로 Boto3 라이브러리가 CSV 파일을 S3 버킷에 업로드할 때 필요한 자격증명을 configparser 라이브러리를 사용하여 가져온다.

```
import requests
import json
import configparser
import csv
import boto3
```

다음으로, 이전과 마찬가지로 API를 쿼리한다.

```
lat = 42.36
lon = 71.05
lat_log_params = {"lat": lat, "lon": lon}

api_response = requests.get(
    "http://api.open-notify.org/iss-pass.json", params=lat_log_params)
```

이제 응답을 반복하고 결과를 all_passes라는 파이썬 list에 저장한 후 결과를 CSV 파일에 저장해야 한다. 응답에 포함되어 있지 않더라도 위도와 경도도 함께 저장한다. 데이터 웨어하우스에 로드할 때 통과 시간이 올바른 위도 및 경도와 연결되도록 CSV 파일의 각 행에 그 정보가 필요하다.

```
# 응답 내용에서 json 객체 생성
response_json = json.loads(api_response.content)


all_passes = []
for response in response_json['response']:
    current_pass = []

    # 요청에서 위도/경도를 저장
    current_pass.append(lat)
    current_pass.append(lon)

    # 통과 시 지속 시간과 상승 시간을 저장
    current_pass.append(response['duration'])
    current_pass.append(response['risetime'])

    all_passes.append(current_pass)

export_file = "export_file.csv"

with open(export_file, 'w') as fp:
        csvw = csv.writer(fp, delimiter='|')
        csvw.writerows(all_passes)

fp.close()
```

마지막으로, Boto3 라이브러리를 사용하여 CSV 파일을 S3 버킷에 업로드한다.

```
# aws_boto_credentials 값을 로드
parser = configparser.ConfigParser()
parser.read("pipeline.conf")
access_key = parser.get("aws_boto_credentials", "access_key")
secret_key = parser.get("aws_boto_credentials", "secret_key")
bucket_name = parser.get("aws_boto_credentials", "bucket_name")

s3 = boto3.client(
    's3',
    aws_access_key_id=access_key,
```

```
        aws_secret_access_key=secret_key)

    s3.upload_file(
        export_file,
        bucket_name,
        export_file)
```

카프카 및 Debezium을 통한 스트리밍 데이터 수집

MySQL 이진 로그 또는 Postgres WALs와 같은 CDC 시스템을 통해 데이터를 수집할 경우, 훌륭한 프레임워크의 도움이 꼭 필요하다.

Debezium은 여러 오픈 소스 서비스로 구성된 분산 시스템으로 일반적인 CDC 시스템에서 행 수준 변경을 캡처한 후 다른 시스템에서 사용할 수 있는 이벤트로 스트리밍해주는 시스템이다. Debezium 설치에는 세 가지 주요 구성 요소가 있다.

- **아파치 주키퍼**는 분산 환경을 관리하고 각 서비스의 구성을 처리한다.
- **아파치 카프카**는 확장성이 뛰어난 데이터 파이프라인을 구축하는 데 일반적으로 사용되는 분산 스트리밍 플랫폼이다.
- **아파치 카프카 커넥트**는 데이터를 카프카를 통해 쉽게 스트리밍할 수 있도록 카프카를 다른 시스템과 연결하는 도구다. 커넥터는 MySQL 및 Postgres와 같은 시스템용으로 구축되었으며 CDC 시스템(이진 로그 및 WAL)의 데이터를 **카프카 토픽**으로 변환한다.

카프카는 **토픽**별로 정리된 메시지를 교환한다. 하나의 시스템은 토픽에 게시(publish)할 수 있는 반면, 하나 이상의 시스템은 토픽을 소비(consume)하거나 구독(subscribe)할 수 있다.

Debezium은 이러한 시스템을 함께 연결하고 일반적인 CDC 구현을 위한 커넥터를 포함한다. 예를 들어, 33페이지의 'MySQL 데이터베이스에서 데이터 추출'과 54페이지의 'PostgreSQL 데이터베이스에서 데이터 추출'에서 CDC의 문제에 대해 논의했다. 다행히 MySQL 이진 로그 및 Postgres WAL을 수신(listen) 할 수 있는 커넥터가 이미 있다. 그런 다음 데이터는 카프카를 통해 토픽의 레코드로 라우팅되고 다른 커넥터를 사용하여 S3 버킷, Snowflake 또는 Redshift 데이터 웨어하우스와 같은 대상으로 소비된다. 그림 4-1은 Debezium 및 개별 구성요소를 사용하여 MySQL 이진 로그에서 생성된 이벤트를 Snowflake 데이터 웨어하우스로 전송하는 예를 보여준다.

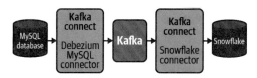

그림 4-1. MySQL에서 Snowflake까지 CDC를 위한 Debezium 구성 요소 사용

이 글을 쓰는 시점에는 소스 시스템을 위해 구축된 많은 Debezium 커넥터가 있으며, 다음 소스에서 수집하는 것도 가능하다.

- MongoDB

- MySQL

- PostgreSQL

- Microsoft SQL Server

- Oracle

- Db2

- Cassandra

S3 및 Snowflake와 같은 가장 일반적인 데이터 웨어하우스 및 스토리지 시스템을 위한 카프카 커넥터 또한 있다.

만약 여러분이 데이터 수집을 위해 CDC를 사용하고자 한다면 이 장의 예제를 통해 MySQL의 간단한 추출을 수행할 수 있다. 하지만 CDC를 대규모로 사용하고 싶다면 Debezium과 비슷한 플랫폼을 직접 구축하는 것보다 Debezium을 사용하기를 추천한다.

Note
Debezium 설명서[14]는 우수하며 시스템에 대해 배울 수 있는 훌륭한 출발점이다.

---

14 https://debezium.io/documentation/reference/1.2/index.html

05

데이터 수집:
데이터 로드

4장에서는 원하는 소스 시스템에서 데이터를 추출했다. 이제 Redshift 데이터 웨어하우스에 데이터를 로드하여 데이터 수집을 완료할 차례다. 로드 방법은 데이터 추출 산출물이 어떤 모습인지에 따라 다르다. 이 섹션에서는 테이블의 각 열에 해당하는 값을 사용하여 추출된 데이터를 CSV 파일로 로드하는 방법과 CDC 형식의 데이터가 포함된 산출물을 추출하는 방법을 설명한다.

Amazon Redshift 웨어하우스를 대상으로 구성

데이터 웨어하우스로 Amazon Redshift를 사용하는 경우 데이터를 추출한 후 로드하기 위해 S3와 통합하는 것은 매우 간단하다. 첫 번째 단계는 데이터 로드를 위한 IAM 역할이 아직 없는 경우 생성하는 것이다.

 Amazon Redshift 클러스터 설정에 대한 지침은 무료 평가판을 포함한 최신 설명서 및 요금[1]을 확인하자.

---

1 https://aws.amazon.com/redshift/

IAM 역할과 IAM 사용자를 혼동하지 말 것

31페이지의 '클라우드 파일 스토리지 설정'에서는 이 섹션 전체에서 사용할 S3 버킷에 대해 읽기 및 쓰기 액세스 권한이 설정된 IAM 사용자를 생성했다. 이 섹션에서는 S3에서 읽기와 관련된 권한을 Redshift 클러스터에 직접 할당할 IAM 역할을 생성한다.

역할을 생성하려면 다음 지침을 따르거나 AWS 설명서[2]에서 최신 세부 정보를 확인한다.

1. AWS 콘솔(또는 상단 탐색 모음)의 서비스 메뉴에서 IAM으로 이동한다.

2. 왼쪽 탐색 메뉴에서 역할을 선택한 다음 [역할 만들기] 버튼을 클릭한다.

3. 선택할 AWS 서비스 목록이 표시된다. Redshift를 찾아 선택한다.

4. [사용 사례 선택]에서 [Redshift] – [사용자 지정 가능]을 선택한다.

5. 다음 페이지(권한 정책 연결)에서 'AmazonS3ReadOnlyAccess'를 검색하여 선택하고 [다음]을 클릭한다.

6. 역할에 이름(예: 'RedshiftLoadRole')을 지정하고 [역할 생성]을 클릭한다.

7. 새 역할의 이름을 클릭하고 이 장의 뒷부분에서 사용할 수 있게 역할 **Amazon 리소스 이름(ARN)**을 복사해 놓는다. 혹은 나중에 IAM 콘솔의 역할 속성에서도 찾을 수 있다. ARN은 arn:aws:iam::⟨aws-account-id⟩:role/⟨role-name⟩과 비슷한 모습이다.

이제 방금 생성한 IAM 역할을 Redshift 클러스터와 연결할 수 있다. 이렇게 하려면 다음에서 설명하는 단계를 따르거나 Redshift 설명서[3]에서 자세한 내용을 확인할 수 있다.

> **Note**
> 클러스터에 변경 사항을 적용하는 데는 1~2분이 소요되지만, 그 사이에도 여전히 클러스터에 액세스할 수 있다.

1. AWS 서비스 메뉴로 돌아가 Amazon Redshift로 이동한다.

2. 탐색 메뉴에서 [클러스터]를 선택하고 데이터를 로드할 클러스터를 선택한다.

3. 작업에서 [IAM 역할 관리]를 클릭한다.

4. 로드되는 [IAM 역할 관리] 페이지의 [사용 가능한 역할] 드롭다운에서 역할을 선택할 수 있다. 그런 다음 [IAM 역할 추가]를 클릭한다.

5. [완료]를 클릭한다.

2 https://docs.aws.amazon.com/IAM/latest/UserGuide/id_roles_create.html
3 https://docs.aws.amazon.com/redshift/latest/mgmt/copy-unload-iam-role.html

마지막으로 Redshift 자격증명과 방금 생성한 IAM 역할 이름을 사용하여 31페이지의 '클라우드 파일 스토리지 설정'에서 생성한 **pipeline.conf** 파일에 하나의 섹션을 추가한다. AWS Redshift 콘솔에서 Redshift 클러스터 연결 정보를 찾을 수 있다.

```
[aws_creds]
database = my_warehouse
username = pipeline_user
password = weifj4tji4j
host = my_example.4754875843.us- east-1.redshift.amazonaws.com
port = 5439
iam_role = RedshiftLoadRole
```

 Redshift 자격증명 모범 사례

단순화를 위해 이 예제에서는 파이썬에서 데이터베이스 사용자 이름과 암호를 사용하여 클러스터에 연결한다. 프로덕션 환경에서는 IAM 인증을 사용하여 임시 데이터베이스 자격증명을 생성하는 것을 포함하여 보다 강력한 보안 전략을 고려하는 것이 좋다. 자세한 내용은 데이터베이스 사용자 자격증명 생성을 위한 IAM 인증 가이드[4]에서 알아볼 수 있다. 또한 이 책에서처럼 로컬 pipline.conf 파일보다는 데이터베이스 자격증명 및 기타 비밀을 더 안전하게 저장하는 것이 좋다. 인기 있는 옵션 중에는 Vault[5]와 같은 것이 있다.

Redshift 웨어하우스에 데이터 로드

테이블에 있는 각 열에 해당하는 값을 추출하여 S3에 저장한 데이터를 CSV 파일로 Redshift에 로드하는 것은 비교적 간단하다. 이 형식의 데이터는 가장 일반적이며 MySQL 또는 MongoDB 데이터베이스와 같은 소스에서 데이터를 추출한 결과다. 로드할 CSV 파일의 각 행은 대상 Redshift 테이블에 로드할 레코드에 해당하고 CSV의 각 열은 대상 테이블의 열에 해당한다. MySQL binlog 또는 기타 CDC 로그에서 이벤트를 추출한 경우 로드에 대한 지침은 다음 섹션을 참조한다.

S3에서 Redshift로 데이터를 로드하는 가장 효율적인 방법은 COPY 명령을 사용하는 것이다. COPY 는 Redshift 클러스터를 쿼리하는 데 사용하는 SQL 클라이언트나 Boto3 라이브러리를 사용하

---

4 https://docs.aws.amazon.com/redshift/latest/mgmt/generating-user-credentials.html

5 https://www.vaultproject.io/

는 파이썬 스크립트에서 SQL 문으로 실행할 수 있다. COPY는 로드 중인 데이터를 대상 테이블의 기존 행에 추가한다.

> ### 🔵 Redshift 쿼리 편집기 사용
>
> Redshift 클러스터를 쿼리하는 가장 쉬운 방법은 AWS 콘솔 웹 애플리케이션에 내장된 쿼리 편집기를 사용하는 것이다. 기능이 제한되어 있지만 브라우저에서 바로 클러스터에 대해 SQL 쿼리를 편집, 저장 및 실행할 수 있다. 접근하려면 Redshift 콘솔에 로그인하고 탐색 창에서 EDITOR를 클릭한다.

COPY 명령의 구문은 다음과 같다. 모든 괄호([ ]) 항목은 선택사항이다.

```
COPY table_name
[ column_list ]
FROM source_file
authorization
[ [ FORMAT ] [ AS ] data_format ]
[ parameter [ argument ] [, .. ] ]
```

 AWS 설명서[6]에서 추가 옵션과 일반적인 COPY 명령에 대해 자세히 알아볼 수 있다.

가장 간단한 형태로 4장에 지정된 IAM 역할 권한 부여와 S3 버킷의 파일을 사용하면 SQL 클라이언트에서 실행할 때 다음과 같다.

```
COPY my_schema.my_table
FROM 's3://bucket-name/file.csv'
iam_role '<my-arn>';
```

72페이지의 'Amazon Redshift 웨어하우스를 대상으로 구성'에서 다뤘듯이 ARN은 다음과 같은 형식이다.

```
arn:aws:iam::<aws-account-id>:role/<role-name>
```

---

6 https://docs.aws.amazon.com/redshift/latest/dg/r_COPY.html

역할 이름을 RedshiftLoadRole로 지정한 경우 COPY 명령 구문은 다음과 같다. ARN의 숫자 값은 AWS 계정에 따라 다르다.

```
COPY my_schema.my_table
  FROM 's3://bucket-name/file.csv'
  iam_role 'arn:aws:iam::222:role/RedshiftLoadRole';
```

이 명령 구문이 실행되면 **file.csv**의 내용이 Redshift 클러스터의 my_schema 스키마에 있는 my_table이라는 테이블에 추가된다.

기본적으로 COPY 명령은 입력 파일의 필드와 동일한 순서로 대상 테이블의 열에 데이터를 삽입한다. 즉, 달리 지정하지 않는 한 이 예제에서 로드하는 CSV의 필드 순서는 Redshift의 대상 테이블에 있는 열의 순서와 일치해야 한다. 열 순서를 지정하려면 다음과 같이 입력 파일과 일치하는 순서로 대상 열의 이름을 추가하면 된다.

```
COPY my_schema.my_table (column_1, column_2, ....)
  FROM 's3://bucket-name/file.csv'
  iam_role 'arn:aws:iam::222:role/RedshiftLoadRole';
```

파이썬 스크립트에서 COPY 명령을 구현하기 위해 Boto3 라이브러리를 사용할 수도 있다. 사실 4장의 데이터 추출 예제 템플릿에 따라 파이썬을 통해 데이터를 로드하면 보다 표준화된 데이터 파이프라인이 만들어진다.

이 장의 앞부분에서 구성한 Redshift 클러스터와 상호작용하려면 psycopg2 라이브러리를 설치해야 한다.

```
  (env) $ pip install psycopg2
```

이제 파이썬 스크립트를 작성할 수 있다. **copy_to_redshift.py**라는 새 파일을 만들고 다음 세 개의 코드 블록을 추가한다.

첫 번째 단계는 S3 버킷과 상호 작용하기 위해 boto3, Redshift 클러스터에서 COPY 명령을 실행하기 위해 psycopg2, 그리고 **pipeline.conf** 파일을 읽기 위해 configparser 라이브러리를 가져오는 것이다.

```
import boto3
import configparser
import psycopg2
```

그런 다음, `psycopg2.connect` 함수와 **pipeline.conf** 파일에 저장된 자격증명을 사용하여 Redshift 클러스터에 연결한다.

```
parser = configparser.ConfigParser()
parser.read("pipeline.conf")
dbname = parser.get("aws_creds", "database")
user = parser.get("aws_creds", "username")
password = parser.get("aws_creds", "password")
host = parser.get("aws_creds", "host")
port = parser.get("aws_creds", "port")

# redshift 클러스터에 연결
rs_conn = psycopg2.connect( "dbname=" + dbname
    + " user=" + user
    + " password=" + password
    + " host=" + host
    + " port=" + port)
```

이제 `psycopg2 Cursor` 객체를 사용하여 `COPY` 명령을 실행할 수 있다. 섹션 앞부분에서 수동으로 실행한 것과 동일한 `COPY` 명령을 실행하되 AWS 계정 ID 및 IAM 역할 이름을 하드 코딩하는 대신 **pipeline.conf** 파일에서 해당 값을 불러온다.

```
# account_id 및 iam_role을 로드
parser = configparser.ConfigParser()
parser.read("pipeline.conf")
account_id = parser.get("aws_boto_credentials",
      "account_id")
iam_role = parser.get("aws_creds", "iam_role")
bucket_name = parser.get("aws_boto_credentials",
      "bucket_name")

# Redshift에 파일을 로드하기 위해 COPY 명령을 실행
```

```
file_path = ("s3://"
    + bucket_name
    + "/order_extract.csv")
role_string = ("arn:aws:iam::"
    + account_id
    + ":role/" + iam_role)

sql = "COPY public.Orders"
sql = sql + " from %s "
sql = sql + " iam_role %s;"

# cursor 객체를 생성하고 COPY를 실행
cur = rs_conn.cursor()
cur.execute(sql,(file_path, role_string))

# cursor를 종료하고 트랜잭션을 커밋
cur.close()
rs_conn.commit()

# 연결을 종료
rs_conn.close()
```

스크립트를 실행하기 전에 대상 테이블이 아직 존재하지 않는 경우 먼저 생성해야 한다. 이 예에서는 35페이지의 '전체 또는 증분 MySQL 테이블 추출'에서 **order_extract.csv** 파일로 추출된 데이터를 로드한다. 물론 원하는 다른 데이터를 로드할 수도 있다. 대상 테이블에 일치하는 구조가 있는지 확인해야 한다. 클러스터에 대상 테이블을 생성하려면 Redshift 쿼리 편집기 또는 클러스터에 연결된 다른 애플리케이션을 통해 다음 SQL을 실행한다.

```
CREATE TABLE public.Orders (
  OrderId int,
  OrderStatus varchar(30),
  LastUpdated timestamp
);
```

마지막으로 다음과 같이 스크립트를 실행한다.

```
(env) $ python copy_to_redshift.py
```

증분 및 전체 로드

이전 코드 샘플에서 COPY 명령은 추출된 CSV 파일의 데이터를 Redshift 클러스터의 테이블에 직접 로드했다. 만약 CSV 파일의 데이터가 불변(immutable) 소스의 증분 추출에서 온 것이라면 (불변 이벤트 데이터 또는 기타 '삽입 전용' 데이터세트와 같은 경우) 더 이상 할 일이 없을 것이다. 하지만 CSV 파일의 데이터에 업데이트된 레코드나 소스 테이블의 삽입 또는 전체 내용이 포함되어 있으면 해야 할 일이 조금 더 있거나 최소한 고려해야 할 사항이 있다.

35페이지의 '전체 또는 증분 MySQL 테이블 추출'의 Orders 테이블을 예로 들어보자. 이는 CSV 파일에서 로드하는 데이터가 원본 MySQL 테이블에서 전체 또는 증분으로 추출되었음을 의미한다.

데이터 전부가 추출된 경우 로딩 스크립트에 추가해야 할 사항이 하나 있다. COPY 작업을 실행하기 전에 Redshift에서 대상 테이블을 잘라야 한다(TRUNCATE 사용). 업데이트된 코드는 다음과 같다.

```python
import boto3
import configparser
import psycopg2

parser = configparser.ConfigParser()
parser.read("pipeline.conf")
dbname = parser.get("aws_creds", "database")
user = parser.get("aws_creds", "username")
password = parser.get("aws_creds", "password")
host = parser.get("aws_creds", "host")
port = parser.get("aws_creds", "port")

# redshift 클러스터에 연결
rs_conn = psycopg2.connect(
    "dbname=" + dbname
    + " user=" + user
    + " password=" + password
    + " host=" + host
    + " port=" + port)
parser = configparser.ConfigParser()
```

```
parser.read("pipeline.conf")
account_id = parser.get("aws_boto_credentials",
        "account_id")
iam_role = parser.get("aws_creds", "iam_role")
bucket_name = parser.get("aws_boto_credentials",
                "bucket_name")

# 대상 테이블을 truncate
sql = "TRUNCATE public.Orders;"
cur = rs_conn.cursor()
cur.execute(sql)

cur.close()
rs_conn.commit()

# Redshift에 파일을 로드하기 위해 COPY 명령을 실행
file_path = ("s3://"
    + bucket_name
    + "/order_extract.csv")
role_string = ("arn:aws:iam::"
    + account_id
    + ":role/" + iam_role)

sql = "COPY public.Orders"
sql = sql + " from %s "
sql = sql + " iam_role %s;"

# cursor 객체를 생성하고 COPY를 실행
cur = rs_conn.cursor()
cur.execute(sql,(file_path, role_string))

# cursor를 종료하고 트랜잭션을 커밋
cur.close()
rs_conn.commit()

# 연결을 종료
rs_conn.close()
```

데이터가 증분 추출됐다면 대상 테이블을 자르면 안 된다. 그렇게 하면 추출 작업의 마지막 실행에서 업데이트된 레코드만 남게 된다. 이러한 방식으로 추출된 데이터를 처리할 수 있는 몇 가지 방법이 있지만 가장 좋은 방법은 단순하게 유지하는 것이다.

이 경우 COPY 명령(TRUNCATE 말고!)을 사용하여 데이터를 로드하고 레코드가 마지막으로 업데이트된 시간을 나타내는 타임스탬프에 의존하여 나중에 어떤 레코드가 최신인지 식별하거나 과거 레코드를 다시 볼 수 있다. 예를 들어 소스 테이블의 레코드가 수정되었고 로드된 CSV 파일에 있다고 가정해 보자. 그러면 로드 후에 Redshift 대상 테이블에 표 5-1과 같은 내용이 표시될 것이다.

표 5-1. Redshift 내의 Orders 테이블

OrderId	OrderStatus	LastUpdated
1	Backordered	2020-06-01 12:00:00
1	Shipped	2020-06-09 12:00:25

표 5-1에서 볼 수 있듯이 ID 값이 1인 주문은 테이블에 두 번 나타난다. 첫 번째 레코드는 마지막 로드 이전에 존재했으며 두 번째 레코드는 CSV 파일에서 방금 로드된 것이다. 첫 번째 레코드는 주문이 Backordered 상태였던 2020-06-01의 레코드 업데이트로 인해 들어왔는데, 2020-06-09에 다시 업데이트 되었으며, Shipped 상태가 되고 로드한 마지막 CSV 파일에 포함되었다.

기록 보관의 관점에서 볼 때 대상 테이블에 이 두 기록을 모두 가지고 있는 것이 이상적이다. 나중에 파이프라인의 변환 단계에서 분석가는 특정 분석의 필요에 따라 레코드 중 하나 또는 둘 다를 사용하게 선택할 수 있다. 예를 들면 주문이 이월 주문된 상태에 얼마나 오래 있었는지 알고 싶을 수 있다. 그렇게 하려면 두 레코드가 모두 필요하다. 주문의 현재 상태를 알고 싶다면 그 상태 정보도 알고 있다.

대상 테이블에 동일한 OrderId에 대한 여러 레코드가 있는 것이 불편할 수 있지만 이 경우에는 올바른 일이다! 데이터 수집의 목표는 데이터 추출 및 로드에 중점을 두는 것이다. 데이터로 무엇을 할지는 6장에서 살펴볼 파이프라인의 변환 단계에서 할 작업이다.

CDC 로그에서 추출한 데이터 로드

데이터가 CDC 방법을 통해 추출된 경우 한 가지 다른 고려 사항이 있다. 증분 추출된 데이터를 로드하는 프로세스와 유사하지만, 이 경우 삽입 및 업데이트된 레코드뿐만 아니라 삭제된 레코드에도 액세스할 수 있다.

4장의 MySQL 이진 로그 추출의 예를 다시 생각해보자. 코드 샘플의 산출물은 S3 버킷에 업로드된 orders_extract.csv라는 CSV 파일이었다. 그 내용은 다음과 같았다.

```
insert|1|Backordered|2020-06-01 12:00:00
update|1|Shipped|2020-06-09 12:00:25
```

이 섹션 앞부분의 증분 로드 예와 마찬가지로 OrderId 1에 대한 두 개의 레코드가 있다. 데이터 웨어하우스에 로드될 때 데이터는 표 5-1에서와 같이 보일 것이다. 그러나 이전 예와 달리 orders_extract.csv에는 삽입 또는 업데이트와 같이 파일의 레코드를 담당하는 이벤트에 대한 열이 포함되어 있다. 이 두 가지 이벤트 유형만 있는 경우 이벤트 필드를 무시하고 표 5-1과 같은 Redshift의 테이블로 받아들일 수 있다. 여기에서 분석가는 나중에 파이프라인에서 데이터 모델을 구축할 때 두 레코드에 모두 액세스할 수 있다. 그렇다면 한 줄이 더 포함된 다른 버전의 orders_extract.csv를 생각해보자.

```
insert|1|Backordered|2020-06-01 12:00:00
update|1|Shipped|2020-06-09 12:00:25
delete|1|Shipped|2020-06-10 9:05:12
```

세 번째 줄은 주문 레코드가 업데이트된 다음 날 삭제되었음을 보여준다. 전체 추출에서는 레코드가 완전히 사라졌을 것이고, 증분 추출에서는 삭제(delete)를 가져오지 않았을 것이다(자세한 설명은 33페이지의 'MySQL 데이터베이스에서 데이터 추출' 참조). 그러나 CDC에서는 삭제 이벤트가 선택되어 CSV 파일에 포함된다.

삭제된 레코드를 수용하려면 이벤트 유형을 저장할 Redshift 웨어하우스의 대상 테이블에 열을 추가해야 한다. 표 5-2는 Orders의 확장 버전이 어떻게 생겼는지 보여준다.

표 5-2. Redshift 내 이벤트 타입(EventType)이 포함된 Orders 테이블

EventType	OrderId	OrderStatus	LastUpdated
Insert	1	Backordered	2020-06-01 12:00:00
update	1	Shipped	2020-06-09 12:00:25
delete	1	Shipped	2020-06-10 9:05:12

다시 한 번 말하지만, 데이터 파이프라인에서 데이터 수집의 목표는 소스에서 데이터를 효율적으로 추출하여 대상으로 로드하는 것이다. 특정 사용 사례에 대한 데이터를 모델링하는 로직은 파이프라인의 변환 단계에서 구현한다. 6장에서는 이 예와 같이 CDC 수집을 통해 로드된 데이터를 모델링하는 방법을 설명할 것이다.

Snowflake 웨어하우스를 대상으로 구성

Snowflake를 데이터 웨어하우스로 사용하는 경우 Snowflake 인스턴스에서 S3 버킷에 대한 액세스를 구성하기 위한 세 가지 옵션이 있다.

- Snowflake 스토리지 통합 구성
- AWS IAM 역할 구성
- AWS IAM 사용자 구성

세 가지 중 첫 번째 방법은 나중에 Snowflake에서 S3 버킷과 상호작용할 때 Snowflake 스토리지 통합을 사용하는 것이 얼마나 원활하게 이루어지는지를 고려했을 때 권장되는 구성이다. 구성의 세부 사항에는 여러 단계가 포함되므로 해당 항목에 대한 최신 Snowflake 설명서[7]를 참조하는 것이 가장 좋다.

구성의 마지막 단계에서 **외부 단계(external stage)**를 만들게 되는데, 외부 단계는 Snowflake가 액세스할 수 있도록 외부 저장 위치를 가리키는 객체다. 이전에 생성한 S3 버킷이 해당 위치로 사용된다.

---

[7] https://docs.snowflake.com/en/user-guide/data-load-s3-config.html#option-1-configuring-a-snowflake-storage-integration

단계를 생성하기 전에 단계에 대해 참조하고 나중에 유사한 파일 형식에 사용할 수 있도록 Snowflake에서 FILE FORMAT을 정의하는 것이 좋다. 이 장의 예제는 파이프로 구분된 CSV 파일을 생성하기 때문에 다음 파일 형식을 생성한다.

```
CREATE or REPLACE FILE FORMAT pipe_csv_format
TYPE = 'csv'
FIELD_DELIMITER = '|';
```

Snowflake 설명서 마지막에서 버킷에 대한 단계를 생성할 때의 구문은 다음과 같다.

```
USE SCHEMA my_db.my_schema;

CREATE STAGE my_s3_stage
  storage_integration = s3_int
  url = 's3://pipeline-bucket/'
  file_format = pipe_csv_format;
```

85페이지의 'Snowflake 데이터 웨어하우스에 데이터 로드'에서는 이 단계를 사용해 S3 버킷에서 추출 및 저장된 데이터를 Snowflake로 로드한다.

마지막으로 Snowflake 로그인 자격증명이 있는 **pipeline.conf** 파일에 섹션을 추가해야 한다. 지정된 사용자는 방금 생성한 단계에 대해 USAGE 권한이 있어야 한다. 또한 account_name 값은 클라우드 공급자 및 계정이 위치한 지역에 따라 형식이 지정되어야 한다. 예를 들어, 계정 이름이 snowflake_acct1이고 AWS의 미국 동부(오하이오) 리전에서 호스팅되는 경우 account_name 값은 snowflake_acct1.us-east-2.aws가 된다. 이 값은 파이썬에서 snowflake-connector-python 라이브러리를 사용하여 Snowflake에 연결하는 데 사용되므로 account_name에 대한 적절한 값을 결정하는 데 도움이 되는 라이브러리 설명서[8]를 참조할 수 있다.

pipeline.conf에 추가할 섹션은 다음과 같다.

```
[snowflake_creds]
username = snowflake_user
password = snowflake_password
account_name = snowflake_acct1.us-east-2.aws
```

---

8 https://docs.snowflake.com/en/user-guide/python-connector-install.html#step-1-install-the-connector

Snowflake 데이터 웨어하우스에 데이터 로드

Snowflake에 데이터를 로드하는 것은 Redshift에 데이터를 로드하는 이전 섹션과 거의 동일한 패턴을 따른다. 따라서 전체, 증분 또는 CDC 데이터 추출을 처리하는 구체적인 방법에 대해서는 논의하지 않을 것이다. 대신 추출된 파일에서 데이터를 로드하는 구문을 설명한다.

Snowflake에 데이터를 로드하는 메커니즘은 COPY INTO 명령이다. COPY INTO는 하나의 파일 또는 여러 파일의 내용을 Snowflake 웨어하우스의 테이블에 로드한다. Snowflake 설명서[9]에서 명령의 고급 사용법 및 옵션에 대해 자세히 확인할 수 있다.

 또한 Snowflake는 Snowpipe라는 데이터 통합 서비스를 제공하는데, 이를 통해 이 섹션의 예에서 사용된 것과 같이 Snowflake 단계에서 사용할 수 있게 되는 즉시 파일에서 데이터를 로드할 수 있다. 따라서 COPY INTO 명령을 통해 대량 로드를 예약하는 대신 Snowpipe를 사용하여 데이터를 지속해서 로드할 수도 있다.

4장의 각 추출 예제는 CSV 파일을 작성하여 S3 버킷에 저장했다. 83페이지의 'Snowflake 웨어하우스를 대상으로 구성'에서 해당 버킷에 연결된 my_s3_stage라는 Snowflake 단계를 생성했다. 이제 COPY INTO 명령을 사용하여 다음과 같이 Snowflake 테이블에 파일을 로드할 수 있다.

```
COPY INTO destination_table
  FROM @my_s3_stage/extract_file.csv;
```

여러 파일을 테이블에 한 번에 로드하는 것도 가능하다. 경우에 따라 크기 또는 마지막 로드 이후 여러 추출 작업의 실행으로 인해 데이터가 둘 이상의 파일로 추출되기도 한다. 파일에 일관된 이름 지정 패턴이 있는 경우(당연히 그래야 한다!) pattern 매개변수를 사용하여 파일을 모두 로드할 수 있다.

```
COPY INTO destination_table
  FROM @my_s3_stage
  pattern='.*extract.*.csv';
```

---

9 https://docs.snowflake.com/en/sql-reference/sql/copy-into-table.html

Note 로드할 파일 형식은 Snowflake 단계(파이프 구분 CSV)를 생성할 때 설정되었다. 따라서 COPY INTO 명령 구문에 이를 명시할 필요가 없다.

이제 COPY INTO 명령이 작동하는 방식을 알았으므로 파이프라인의 로드를 자동화하기 위해 예약 및 실행할 수 있는 짧은 파이썬 스크립트를 작성할 차례다. 이 방법과 기타 파이프라인 오케스트레이션 기술에 대한 자세한 내용은 7장을 참조하면 된다.

먼저 Snowflake 인스턴스에 연결하려면 파이썬 라이브러리를 설치해야 한다. pip을 사용하여 설치한다.

```
(env) $ pip install snowflake-connector-python
```

이제 간단한 파이썬 스크립트를 작성하여 Snowflake 인스턴스에 연결하고 COPY INTO를 사용하여 CSV 파일의 내용을 대상 테이블에 로드할 수 있다.

```python
import snowflake.connector
import configparser

parser = configparser.ConfigParser()
parser.read("pipeline.conf")
username = parser.get("snowflake_creds",
    "username")
password = parser.get("snowflake_creds",
    "password")
account_name = parser.get("snowflake_creds",
    "account_name")

snow_conn = snowflake.connector.connect(
    user = username,
    password = password,
    account = account_name
    )

sql = """COPY INTO destination_table
  FROM @my_s3_stage
  pattern='.*extract.*.csv';"""
```

```
cur = snow_conn.cursor()
cur.execute(sql)
cur.close()
```

파일 스토리지를 데이터 레이크로 사용

S3 버킷(또는 다른 클라우드 스토리지)에서 데이터를 추출하고 데이터 웨어하우스에 로드하지 않을 때도 있다. 이렇게 정형화 또는 반정형화된 형태로 저장된 데이터를 **데이터 레이크**라고 한다.

데이터 웨어하우스와 달리 데이터 레이크는 다양한 형식의 데이터를 원본 형식 또는 때에 따라 비정형 형식으로 저장한다. 데이터 레이크는 데이터를 저장하기에는 더 저렴하지만 웨어하우스의 정형화된 데이터와 같은 방식으로 쿼리하는 데 최적화되어 있지 않다.

그러나 최근 몇 년 동안 SQL에 익숙한 사용자가 데이터 레이크의 데이터 쿼리에 훨씬 더 쉽게 접근할 수 있고 좀 더 투명하게 분석할 수 있도록 도와주는 도구가 등장했다. 예를 들어 Amazon Athena는 사용자가 SQL을 사용하여 S3에 저장된 데이터를 쿼리할 수 있는 AWS 서비스다. Amazon Redshift Spectrum은 Redshift가 S3의 데이터에 **외부 테이블(external table)**로 액세스하고 Redshift 웨어하우스의 테이블과 함께 쿼리에서 이를 참조할 수 있도록 하는 서비스다. 또한 다른 클라우드 제공업체 및 제품에도 유사한 기능이 있다.

데이터를 정형화하고 웨어하우스에 로드하는 대신 이러한 접근 방식을 사용해야 하는 경우는 언제일까? 눈에 띄는 몇 가지 상황이 있다.

클라우드 스토리지 기반 데이터 레이크에 대용량 데이터를 저장하는 것이 웨어하우스에 저장하는 것보다 비용이 저렴하다(Snowflake 데이터 웨어하우스와 동일한 스토리지를 사용하는 Snowflake 데이터 레이크에는 해당되지 않음). 또한, 비정형 또는 반정형 데이터는 미리 정의된 스키마가 없기 때문에 저장된 데이터의 유형이나 속성을 변경하는 것이 웨어하우스 스키마를 수정하는 것보다 훨씬 쉽다. JSON 문서는 데이터 레이크에서 접할 수 있는 반정형 데이터 유형의 예다. 데이터 구조가 자주 변경되는 경우 적어도 일정 시간 동안 데이터 레이크에 저장하는 것을 고려할 수 있다.

데이터 과학 또는 머신러닝 프로젝트의 탐색 단계에서 데이터 과학자 또는 머신러닝 엔지니어는 데이터가 필요한 '모양(shape)'이 무엇인지 아직 정확히 모를 수 있다. 원본 형태로 데이터 레이크에 대한 액세스 권한을 부여함으로써 데이터를 탐색하고 사용해야 하는 데이터의 속성을 결정할 수 있다. 일단 그들이 알게 되면, 데이터를 웨어하우스의 테이블에 로드하는 것이 합리적인지 여부를 결정할 수 있고 그렇게 함으로써 쿼리를 최적화할 수 있다.

실제로 많은 조직이 데이터 인프라에 데이터 레이크와 데이터 웨어하우스를 모두 가지고 있다. 시간이 지남에 따라 이 둘은 경쟁이 아닌 보완적인 솔루션이 되었다.

오픈 소스 프레임워크

지금까지 봤듯이, 각 데이터 수집(추출 및 로드 단계 모두)에는 반복적인 단계가 있다. 따라서 최근 몇 년 동안 공통 데이터 소스 및 대상에 대한 핵심 기능 및 연결을 제공하는 수많은 프레임워크가 등장했다. 일부는 오픈 소스로, 이 섹션에서 논의할 예정이며, 다음 섹션에서는 데이터 수집을 위한 몇 가지 인기 있는 상용 제품을 소개할 것이다.

인기 있는 오픈 소스 프레임워크 중 하나는 Singer[10]다. 파이썬으로 작성된 Singer는 **탭(tap)**을 사용하여 소스에서 데이터를 추출하고 JSON 형태로 **대상**으로 스트리밍한다. 예를 들어 MySQL 데이터베이스에서 데이터를 추출하여 Google BigQuery 데이터 웨어하우스에 로드하려는 경우 MySQL 탭과 BigQuery 대상을 사용한다.

이 장의 코드 샘플과 마찬가지로 Singer를 사용하면 데이터 수집을 예약하고 조정하기 위해 별도의 오케스트레이션 프레임워크를 사용해야 한다(자세한 내용은 7장 참조). 그러나 Singer를 사용하든 다른 프레임워크를 사용하든 잘 구축된 기반을 통해 **빠르게** 시작하고 실행할 수 있다는 이점이 있다.

오픈 소스 프로젝트이기 때문에 사용할 수 있는 탭과 대상이 매우 많으며(표 5-3에서 가장 인기 있는 것 중 몇 가지 참조) 프로젝트에 직접 기여할 수도 있다. Singer는 문서화가 잘 되어 있으며 활발한 슬랙(Slack)[11] 및 깃허브[12] 커뮤니티가 있다.

---

10 https://www.singer.io/
11 https://singer-slackin.herokuapp.com/
12 https://github.com/singer-io

표 5-3. 인기 있는 Singer 탭과 대상

Taps	Targets
Google Analytics	CSV
Jira	Google BigQuery
MySQL	PostgreSQL
PostgreSQL	Amazon Redshift
Salesforce	Snowflake

상업적 대안

단 한 줄의 코드도 작성하지 않고 많은 공통 데이터 수집을 가능하게 하는 상용 클라우드 호스팅 제품이 여럿 있다. 또한 이런 제품들은 기본으로 제공되는 일정 조정 및 작업 오케스트레이션 기능이 있다. 물론 이 모든 것에는 비용이 든다.

데이터 수집을 위한 가장 인기 있는 두 가지 상용 도구는 Stitch[13]와 Fivetran[14]이다. 둘 다 완전한 웹 기반이며 데이터 엔지니어뿐만 아니라 데이터 팀의 다른 데이터 전문가도 접근할 수 있다. 세일즈포스, 허브스팟, 구글 애널리틱스, 깃허브 등과 같은 공통 데이터 소스에 대한 수백 개의 사전 구축된 '커넥터'를 제공한다. MySQL, Postgres 및 기타 데이터베이스에서 데이터를 수집할 수도 있다. Amazon Redshift, Snowflake 및 기타 데이터 웨어하우스에 대한 지원도 내장되어 있다.

지원되는 소스에서 데이터를 수집하면 새로운 데이터 수집을 구축하는 데 많은 시간을 절약할 수 있다. 또한 7장에 자세히 설명하듯이 데이터 수집 일정을 잡고 조정하는 것은 사소한 작업이 아니다. Stitch 및 Fivetran을 사용하면 브라우저에서 바로 수집 파이프라인을 구축 및 예약하고, 손상에 대한 경고를 구성할 수 있다.

두 플랫폼에서 선택된 커넥터는 작업 실행 시간 초과, 중복 데이터 처리, 소스 시스템 스키마 변경 등과 같은 사항도 지원한다. 자체적으로 수집을 구축하는 경우 이 모든 사항을 직접 고려해야 한다.

---

13 https://www.stitchdata.com/
14 https://fivetran.com/

물론 다음과 같은 장단점이 있다.

비용

Stitch와 Fivetran은 모두 볼륨 기반 가격 모델을 가지고 있다. 볼륨을 측정하는 방법과 각 가격 책정 계층에 포함하는 기타 기능이 다르지만 결국 지불하는 금액은 수집하는 데이터의 양에 따라 결정된다. 따라서 수집할 데이터 원본이 대량인 경우 비용이 많이 든다.

공급업체(Vendor) 종속

공급업체에 투자하면 향후 도구나 제품으로 마이그레이션해야 하는 경우 엄청난 양의 작업에 직면하게 된다.

커스터마이징에 필요한 코딩

수집하려는 소스 시스템에 미리 빌드된 커넥터가 없는 경우 코드를 직접 작성해야 한다. Stitch 의 경우 사용자 지정 Singer 탭을 작성해야 한다는 것(이전 섹션 참조)을 의미하며 Fivetran의 경우 AWS Lambda, Azure Function 또는 Google Cloud Functions를 사용하여 클라우드 기능을 작성해야 한다. 사용자 지정 REST API와 같은 사용자 지정 데이터 소스가 많은 경우 사용자 지정 코드를 작성한 다음 이를 실행하기 위해 Stitch 또는 Fivetran 비용을 내야 한다.

보안 및 개인 정보 보호

두 제품 모두 데이터에 대한 스트리밍 역할을 하고 장기간 저장하지 않지만 기술적으로 여전히 소스 시스템과 대상(일반적으로 데이터 웨어하우스 또는 데이터 레이크)에 모두 액세스할 수 있다. Fivetran과 Stitch는 모두 높은 보안 기준을 충족한다. 그러나 일부 조직에서는 위험 허용 범위, 규정 요구 사항, 잠재적인 책임, 새 데이터 프로세서를 검토하고 승인하는 오버헤드로 인해 이를 활용하기를 꺼릴 수 있다.

구축 또는 구매 선택은 각 조직 및 사용 사례에 따라 복잡하고 고유하다. 또한 일부 조직에서는 데이터 수집을 위해 Fivetran 또는 Stitch와 같은 제품과 사용자 지정 코드를 혼합하여 사용한다는 점도 염두에 두어야 한다. 예를 들어, 상용 플랫폼에서 실행하는 데 비용이 드는 대용량 데이터의 수집을 위해 사용자 지정 코드를 작성하는 것이 가장 경제적일수도 있지만, Stitch 또는

Fivetran의 사전 구축된 공급업체 지원 커넥터에서 수집을 하는 것이 그만큼의 가치가 있을 수도 있다.

사용자 지정 도구와 상용 도구를 혼합하여 선택하는 경우 로깅, 경고 및 종속성 관리와 같은 항목을 표준화하는 방법을 고려해야 한다. 이 책의 뒷부분에서는 이러한 주제에 대해 설명하고 여러 플랫폼에 걸쳐 있는 파이프라인을 관리하는 문제를 다룬다.

06

데이터
변환하기

3장에서 정의한 ELT 패턴에서 데이터가 데이터 레이크 또는 데이터 웨어하우스로 수집되면(4장) 파이프라인의 다음 단계는 데이터 변환이다. 데이터 변환에는 비문맥적 데이터 조작과 비즈니스 컨텍스트 및 논리를 염두에 둔 데이터 모델링이 모두 포함될 수 있다.

파이프라인의 목적이 비즈니스 통찰력 또는 분석을 생성하는 것이라면 비문맥적 변환 외에도 데이터가 데이터 모델로 추가 변환된다. 데이터 모델은 데이터 분석을 위해 이해되고 최적화된 형식으로 데이터를 정형화하고 정의한다는 것을 2장에서 다뤘다. 데이터 모델은 데이터 웨어하우스에서 하나 이상의 테이블로 표시된다.

때때로 데이터 엔지니어가 파이프라인에서 비문맥적 변환을 구축하지만 데이터 분석가나 분석 엔지니어가 데이터 변환을 처리하는 것이 일반적이다. 이러한 역할의 사람들은 ELT 패턴(웨어하우스에 필요한 데이터가 있음)의 출현과 SQL을 기본 언어로 해서 설계된 지원 도구 및 프레임워크 덕분에 그 어느 때보다 권한이 강화되었다.

이 장에서는 거의 모든 데이터 파이프라인에 공통적인 비문맥적 변환과 대시보드, 보고서 및 비즈니스 문제의 일회성 분석을 지원하는 데이터 모델을 모두 살펴본다. SQL은 데이터 분석가 및 분석 엔지니어의 언어이기 때문에 대부분의 변환 코드 샘플은 SQL로 작성된다. 또한 강력한 파이썬 라이브러리를 사용하여 데이터 수집에 비문맥적 변환을 긴밀하게 결합하는 것이 적절한 경우를 설명하기 위해 파이썬으로 작성된 몇 가지 샘플을 소개한다.

4장과 5장의 데이터 수집에서와 마찬가지로 코드 샘플은 매우 단순화되었으며 더 복잡한 변환을 위한 참고용으로 사용할 수 있다. 변환과 파이프라인의 다른 단계 간의 종속성을 실행하고 관리하는 방법을 배우려면 8장을 참조하자.

 SQL 호환성

이 장의 SQL 쿼리는 대부분의 SQL 언어에서 실행되도록 설계되었다. 제한된 공급업체의 구문을 사용하나 거의 또는 전혀 수정 없이 SQL을 지원하는 모든 최신 데이터베이스에서 실행 가능하다.

비문맥적 변환

3장에서 EtLT 하위 패턴의 존재에 대해 간략히 언급했다. 여기서 소문자 t는 다음과 같은 일부 비문맥 데이터 변환을 나타낸다.

- 테이블의 중복 레코드 제거
- URL 매개변수를 개별 구성요소로 구문 분석

셀 수 없이 많은 예가 있지만 이러한 변환에 대한 코드 샘플을 제공하여 비문맥적 변환의 몇 가지 일반적인 패턴을 다루고자 한다. 다음 섹션에서는 데이터 수집 후에 변환하는 것(ELT)에 비해 수집의 일부로 이러한 변환을 수행하는 것(EtLT)이 적절한 경우에 대해 설명한다.

테이블에서 레코드 중복 제거

이상적이지는 않지만 데이터 웨어하우스에 수집된 데이터 테이블에 중복 레코드가 존재할 수 있다. 그 이유는 다음과 같이 여러 가지다.

- 증분 데이터 수집에서 실수로 이전 수집 시간 창과 겹치거나 이전 실행에서 이미 수집된 일부 레코드를 선택한 경우
- 원본 시스템에서 중복 레코드가 실수로 생성된 경우
- 나중에 채워진(backfilled) 데이터가 테이블에 로드된 후속 데이터와 겹치는 경우

이유가 무엇이든 중복 레코드를 확인하고 제거하는 것은 SQL 쿼리로 수행하는 것이 가장 좋다. 다음 각 SQL 쿼리는 표 6-1에 표시된 데이터베이스의 Orders 테이블을 참조한다. 테이블에는 5개의 레코드가 포함되어 있으며 그중 2개는 중복된다. OrderId 1에 대한 세 개의 레코드가 있고, 두 번째 및 네 번째 행은 정확히 동일하다. 이 예제의 목표는 이 중복을 식별하고 해결하는 것이다. 이 예제에는 정확히 동일한 두 개의 레코드가 있지만 다음 코드 샘플의 논리는 테이블에 동일한 레코드의 복사본이 3개, 4개 또는 그 이상 있는 경우 유효하다.

표 6-1. 중복 레코드가 있는 Orders 테이블

OrderId	OrderStatus	LastUpdated
1	Backordered	2020-06-01
1	Shipped	2020-06-09
2	Shipped	2020-07-11
1	Shipped	2020-06-09
3	Shipped	2020-07-12

예제 6-1 및 6-2에서 사용하기 위해 이러한 Orders 테이블을 생성하려면 다음과 같은 SQL 문을 수행하면 된다.

```sql
CREATE TABLE Orders (
  OrderId int,
  OrderStatus varchar(30),
  LastUpdated timestamp
);

INSERT INTO Orders
  VALUES(1,'Backordered', '2020-06-01');
INSERT INTO Orders
  VALUES(1,'Shipped', '2020-06-09');
INSERT INTO Orders
  VALUES(2,'Shipped', '2020-07-11');
INSERT INTO Orders
  VALUES(1,'Shipped', '2020-06-09');
INSERT INTO Orders
  VALUES(3,'Shipped', '2020-07-12');
```

테이블에서 중복 레코드를 식별하는 것은 간단하다. SQL에서 GROUP BY 및 HAVING 문을 사용하면
된다. 다음 쿼리는 중복 레코드 수와 함께 중복 레코드를 반환한다.

```sql
SELECT OrderId,
  OrderStatus,
  LastUpdated,
  COUNT(*) AS dup_count
FROM Orders
GROUP BY OrderId, OrderStatus, LastUpdated
HAVING COUNT(*) > 1;
```

쿼리를 실행하면 다음이 반환된다.

```
OrderId | OrderStatus | LastUpdated | dup_count
1       | Shipped     | 2020-06-09  | 2
```

이제 최소한 하나의 중복이 존재한다는 것을 알았으므로 중복 레코드를 제거할 수 있다. 두 가지
방법이 있는데, 선택하는 방법은 데이터베이스 최적화 및 SQL 구문의 기본 설정과 관련된 많은
요소에 따라 다르다. 따라서 둘 다 시도하고 런타임을 비교하는 것이 좋다.

첫 번째 방법은 쿼리 시퀀스를 사용하는 것이다. 첫 번째 쿼리는 DISTINCT 문을 사용하여 원본에
서 테이블의 복사본을 만든다. 첫 번째 쿼리의 결과는 DISTINCT 덕분에 두 개의 중복 행이 하나로
바뀌기 때문에 네 개의 행만 있는 결과 집합이다. 다음으로 원본 테이블이 잘린다. 마지막으로
데이터세트의 중복 제거된 버전이 예제 6-1과 같이 원본 테이블에 삽입된다.

예제 6-1. distinct_orders_1.sql

```sql
CREATE TABLE distinct_orders AS
SELECT DISTINCT OrderId,
  OrderStatus,
LastUpdated
FROM ORDERS;

TRUNCATE TABLE Orders;

INSERT INTO Orders
```

```
SELECT * FROM distinct_orders;

DROP TABLE distinct_orders;
```

경고

Orders 테이블에 대한 TRUNCATE 작업 후 테이블은 다음 INSERT 작업이 완료될 때까지 비어 있게 된다. 그 시간 동안 Orders 테이블은 비어 있으며 이를 쿼리하는 사용자나 프로세스가 본질적으로 액세스할 수 없다. INSERT 작업은 오래 걸리지 않을 수도 있지만 매우 큰 테이블의 경우 Orders 테이블을 삭제한 다음 distinct_orders의 이름을 대신 Orders로 바꾸는 것을 고려할 수 있다.

또 다른 접근 방식은 **윈도우 기능(window function)**을 사용하여 중복 행을 그룹화하고 행 번호를 할당하여 삭제할 행과 유지할 행을 식별하는 것이다. ROW_NUMBER 함수를 사용하여 레코드의 순위를 지정하고 PARTITION BY 문을 사용하여 열별로 레코드를 그룹화한다. 이렇게 하면 둘 이상의 일치 항목(우리의 중복 항목)이 있는 모든 레코드 그룹에 1보다 큰 ROW_NUMBER가 할당된다.

예제 6-1을 실행한 경우 이 섹션 앞부분의 INSERT 문을 사용하여 Orders 테이블을 새로 고쳐서 표 6-1에 표시된 내용을 다시 포함하도록 한다. 다음 샘플에서 작업할 중복 행이 필요하기 때문이다!

이러한 쿼리가 Orders 테이블에서 실행되면 다음과 같다.

```
SELECT OrderId,
  OrderStatus,
  LastUpdated,
  ROW_NUMBER() OVER(PARTITION BY OrderId,
                    OrderStatus,
                    LastUpdated)
    AS dup_count
FROM Orders;
```

쿼리 결과는 다음과 같다.

```
orderid | orderstatus | lastupdated | dup_count
--------+-------------+-------------+----------
      1 | Backordered | 2020-06-01  |     1
      1 | Shipped     | 2020-06-09  |     1
```

```
1 | Shipped    | 2020-06-09 |    2
2 | Shipped    | 2020-07-11 |    1
3 | Shipped    | 2020-07-12 |    1
```

보다시피 결과 집합의 세 번째 행은 바로 위에 있는 레코드의 복제본이므로 dup_count 값이 2다.
이제 첫 번째 접근 방식과 마찬가지로 중복 제거된 레코드가 있는 테이블을 만들고 Orders 테이
블을 자르고 마지막으로 정리된 데이터세트를 Orders에 삽입할 수 있다. 예제 6-2는 전체 소스
를 보여준다.

예제 6-2. distinct_orders_2.sql

```
CREATE TABLE all_orders AS
SELECT
  OrderId,
  OrderStatus,
  LastUpdated,
  ROW_NUMBER() OVER(PARTITION BY OrderId,
                    OrderStatus,
                    LastUpdated)
    AS dup_count
FROM Orders;


TRUNCATE TABLE Orders;


-- 중복 제거된 레코드만 삽입
INSERT INTO Orders
  (OrderId, OrderStatus, LastUpdated)
SELECT
  OrderId,
  OrderStatus,
  LastUpdated
FROM all_orders
WHERE
  dup_count = 1;


DROP TABLE all_orders;
```

어떤 접근 방식을 사용하든 결과는 표 6-2에 표시된 것처럼 Orders 테이블의 중복 제거된 버전이다.

표 6-2. 중복 레코드가 없는 Orders 테이블

OrderId	OrderStatus	LastUpdated
1	Backordered	2020-06-01
1	Shipped	2020-06-09
2	Shipped	2020-07-11
3	Shipped	2020-07-12

URL 파싱

URL의 세그먼트를 분석하는 것은 비즈니스 컨텍스트가 거의 또는 전혀 관련되지 않은 작업이다. URL에는 변환 단계에서 구문 분석할 수 있고 데이터베이스 테이블의 개별 열에 저장할 수 있는 구성 요소가 많다.

예를 들어 다음 URL을 보자.

> https://www.mydomain.com/page-name?utm_content=textlink&utm_medium=social&utm_source=twitter&utm_campaign=fallsale

개별 열에 구문 분석 및 저장할 수 있는 의미 있는 6가지 구성 요소가 있다.

- 도메인: www.domain.com
- URL 경로: /page-name
- utm_content 매개변수 값: textlink
- utm_medium 매개변수 값: social
- utm_source 매개변수 값: twitter
- utm_campaign 매개변수 값: fallsale

URL 구문 분석은 SQL과 파이썬에서 모두에서 가능하다. 변환을 실행하는 시간과 URL이 저장
된 위치는 무엇을 사용할지 결정하는 데 도움이 된다. 예를 들어, EtLT 패턴을 따르고 소스에서
추출한 후 데이터 웨어하우스의 테이블에 로드하기 전에 URL을 구문 분석할 수 있다면 파이썬
이 훌륭한 옵션이다. 먼저 파이썬 예제를 살펴본 뒤 SQL도 살펴보겠다.

먼저 pip을 사용하여 urllib3 파이썬 라이브러리를 설치한다(파이썬 구성에 대한 지침은 29페이
지의 '파이썬 환경 설정' 참조).

```
(env) $ pip install urllib3
```

그런 다음 urlsplit 및 parse_qs 함수를 사용하여 URL의 관련 구성 요소를 구문 분석한다. 다음
코드 예제와 그에 따른 결과를 보자.

```python
from urllib.parse import urlsplit, parse_qs

url = """https://www.mydomain.com/page-name?utm_con tent=textlink&utm_medium=social&utm_
source=twit ter&utm_campaign=fallsale"""

split_url = urlsplit(url)
params = parse_qs(split_url.query)

# 도메인
print(split_url.netloc)

# url 경로
print(split_url.path)

# utm 매개변수
print(params['utm_content'][0])
print(params['utm_medium'][0])
print(params['utm_source'][0])
print(params['utm_campaign'][0])
```

코드를 실행하면 다음과 같은 결과가 나온다.

```
www.mydomain.com
/page-name
textlink
social
twitter
fallsale
```

4장과 5장의 데이터 수집 코드 예제에서와 같이 각 매개변수를 구문 분석하고 CSV 파일에 기록하여 데이터 웨어하우스에 로드하여 수집을 완료할 수도 있다. 예제 6-3에는 해당 코드 예제가 포함되어 있는데, 실제로는 둘 이상의 URL을 반복해야 할 가능성이 높다.

예제 6-3. url_parse.sql

```python
from urllib.parse import urlsplit, parse_qs
import csv

url = """https://www.mydomain.com/page-name?utm_con tent=textlink&utm_medium=social&utm_
source=twit ter&utm_campaign=fallsale"""

split_url = urlsplit(url)
params = parse_qs(split_url.query)
parsed_url = []
all_urls = []

# 도메인
parsed_url.append(split_url.netloc)

# url 경로
parsed_url.append(split_url.path)
parsed_url.append(params['utm_content'][0])
parsed_url.append(params['utm_medium'][0])
parsed_url.append(params['utm_source'][0])
parsed_url.append(params['utm_campaign'][0])

all_urls.append(parsed_url)
```

```
export_file = "export_file.csv"

with open(export_file, 'w') as fp:
        csvw = csv.writer(fp, delimiter='|')
        csvw.writerows(all_urls)


fp.close()
```

SQL을 사용하여 데이터 웨어하우스에 이미 로드된 URL을 구문 분석해야 하는 경우 더 어려운 작업이 있을 수 있다. 일부 데이터 웨어하우스 공급업체는 URL을 구문 분석하는 기능을 제공하지만 다른 공급업체는 제공하지 않는다. 예를 들어 Snowflake는 URL을 구성 요소로 구문 분석하고 결과를 JSON 객체로 반환하는 PARSE_URL이라는 함수를 제공한다. 예를 들어 앞의 예에서 URL을 구문 분석하려는 경우 결과는 다음과 같다.

```sql
SELECT parse_url('https://www.mydomain.com/page- name?utm_content=text link&utm_
medium=social&utm_source=twitter&utm_cam paign=fallsale');
```

```
+--------------------------------------------------------------+
|PARSE_URL('https://www.mydomain.com/page-name? utm_content=textlink&utm_
medium=social&utm_source=t witter&utm_campaign=fallsale') |
|--------------------------------------------------------------|
|{                             |
|    "fragment": null,         |
|    "host": "www.mydomain.com", |
|    "parameters": {           |
|    "utm_content": "textlink", |
|    "utm_medium": "social",   |
|    "utm_source": "twitter",  |
|    "utm_campaign": "fallsale" |
| },                           |
|    "path": "/page-name",     |
|    "query":
"utm_content=textlink&utm_medium=social&utm_source= twitter&utm_campaign=fallsale",
|
|    "scheme": "HTTPS"         |
| }                            |
+--------------------------------------------------------------+
```

내장된 URL 구문 분석이 없는 Redshift 또는 다른 데이터 웨어하우스 플랫폼을 사용하는 경우 사용자 지정 문자열 구문 분석 또는 정규식을 사용해야 한다. 예를 들어, Redshift에는 REGEXP_SUBSTR이라는 함수가 있다. 대부분의 데이터 웨어하우스에서 URL을 구문 분석하는 것이 어렵다는 점을 감안할 때 데이터를 수집하고 로드하는 동안 파이썬 또는 다른 언어를 사용하여 URL 구성 요소를 구문 분석하는 것이 좋다.

> **Memo**
> ### 원본 URL을 저장하자!
>
> 데이터 수집 중이든 그 이후든 URL을 구문 분석할 때는 데이터 웨어하우스에도 원래 URL 문자열을 유지하는 것이 가장 좋다. URL에는 미처 생각하지 못해 구문 분석하지 않았지만 향후 접근해야 하는 매개변수가 많이 있을 수 있다.

언제 변환할 것인가, 수집 중 혹은 수집 후?

이전 섹션에서 살펴본 것과 같이 비즈니스 컨텍스트가 없는 데이터 변환은 기술적인 관점에서 데이터 수집 중 또는 후에 실행할 수 있다. 그러나 수집 프로세스(EtLT 패턴)의 일부로 실행하는 것을 고려해야 하는 몇 가지 이유가 있다.

1. **변환은 SQL 이외의 언어를 사용하여 수행하는 것이 가장 쉽다.** 이전 예제의 URL 구문 분석과 마찬가지로 파이썬 라이브러리를 사용하여 변환을 처리하는 것이 더 쉽다고 생각되면 데이터 수집의 일부로 수행하자. ELT 패턴에서 수집 후 수행되는 변환은 일반적으로 SQL에 가장 익숙한 데이터 분석가가 수행하는 데이터 모델링으로 제한된다.

2. **변환은 데이터 품질 문제를 해결한다.** 가능한 한 파이프라인 초기에 데이터 품질을 해결하는 것이 가장 좋다(9장에서 이 주제에 대해 자세히 다룬다). 예를 들어, 이전 섹션에서 수집된 데이터에서 중복 레코드를 식별하고 제거하는 예제를 제공했다. 데이터를 수집하는 시점에서 수정할 수 있다면 데이터 분석가가 중복 데이터에 시간을 낭비할 이유는 없다. 변환이 SQL로 작성되더라도 분석가가 데이터를 변환할 때까지 기다리지 않고 수집하는 동안 변환을 실행할 수 있다.

비즈니스 로직과 관련된 변환의 경우 데이터 수집과 별도로 변환을 분리하는 것이 가장 좋다. 다음 섹션에서 볼 수 있듯이 이러한 유형의 변환을 **데이터 모델링**이라고 한다.

데이터 모델링 기초

분석, 대시보드 및 보고서에 사용하기 위한 모델링 데이터는 책 한 권을 할애할 가치가 있는 주제다. 그러나 이 섹션에서는 ELT 패턴의 데이터 모델링에 대한 몇 가지 원칙만 강조하고자 한다.

이전 섹션과 달리 데이터 모델링은 파이프라인 내 ELT 패턴의 변환 단계에서 비즈니스 컨텍스트가 고려되는 곳이다. 데이터 모델은 추출 및 로드 단계(데이터 수집) 동안 다양한 소스에서 웨어하우스로 로드된 모든 데이터를 이해하는 개념이라고 볼 수 있다.

주요 데이터 모델링 용어

이 섹션에서 데이터 모델이라는 용어를 사용할 때는 데이터 웨어하우스의 개별 SQL 테이블을 가리키는 것이다. 예제 데이터 모델에서는 모델의 두 가지 속성에 중점을 둔다.

측정
측정하고 싶은 것. 예에는 고객 수와 수익의 달러 가치가 포함된다.

속성
보고서 또는 대시보드에서 필터링하거나 그룹화하려는 항목. 예에는 날짜, 고객 이름 및 국가가 포함된다.

아울러 데이터 모델의 세분성(granularity)에 대해 이야기해보자. **세분성**은 데이터 모델에 저장된 세부 정보 수준을 말한다. 예를 들어, 매일 주문 수를 제공해야 하는 모델에는 일일 단위가 필요하다. 시간당 얼마나 많은 주문이 접수되었는지에 대한 질문에 답해야 한다면 시간 단위로 세분화해야 한다.

소스 테이블은 4장과 5장에서 설명한 대로 데이터 수집을 통해 데이터 웨어하우스 또는 데이터 레이크에 로드된 테이블이다. 데이터 모델링에서는 소스 테이블과 다른 데이터 모델 모두에서 모델을 작성한다.

💡 **데이터 모델 코드 재사용**

각 데이터 모델은 데이터 웨어하우스에서 자체 테이블로 표시되지만 이를 구축하는 로직은 다른 데이터 모델에 의존적일 수 있다. 로직 재사용 및 모델 간 파생의 이점에 대해 자세히 알아보려면 191페이지의 '데이터 모델링 로직의 재사용'을 참조하자.

완전히 새로 고침 된 데이터 모델링

33페이지의 'MySQL 데이터베이스에서 데이터 추출'에서 설명한 것처럼 완전히 다시 로드된 데이터를 모델링할 때는 소스 데이터 저장소의 최신 상태가 포함된 테이블(또는 여러 테이블)을 다루게 된다. 예를 들어, 표 6-3은 표 6-2와 유사하게 Orders 테이블의 레코드를 보여주지만 전체 이력이 아닌 최신 레코드만 보여준다. 이 버전에는 OrderId 1에 대한 이월 주문 레코드가 없다. 테이블이 소스 데이터베이스에서 데이터 웨어하우스로 완전히 로드된 경우 이렇게 나타난다. 즉, 데이터 수집 시점의 소스 시스템에서 Orders 테이블의 현재 상태처럼 보이는 것이다.

표 6-2와 또 다른 차이점은 주문한 고객의 식별자를 저장하는 CustomerId라는 네 번째 열과 주문의 달러 가치인 OrderTotal이 있는 다섯 번째 열이다.

표 6-3. 완전히 새로 고쳐진 Orders 테이블

OrderId	OrderStatus	OrderDate	CustomerId	OrderTotal
1	Shipped	2020-06-09	100	50.05
2	Shipped	2020-07-11	101	57.45
3	Shipped	2020-07-12	102	135.99
4	Shipped	2020-07-12	100	43.00

Orders 테이블과 더불어 표 6-4에 있는 Customers 테이블을 생각해보자. 이 테이블도 웨어하우스에 완전히 로드되어 있으며, 이는 각 고객 레코드의 현재 상태가 포함되어 있음을 의미한다.

표 6-4. 완전히 새로 고침 된 Customers 테이블

CustomerId	CustomerName	CustomerCountry
100	Jane	USA
101	Bob	UK
102	Miles	UK

다음 섹션에서 사용하기 위해 데이터베이스에 이러한 테이블을 생성하려면 다음 SQL 문을 사용하면 된다. 93페이지의 '테이블에서 레코드 중복 제거'에서 Orders 테이블 버전을 만들었다면 먼저 DROP 해야 한다.

```
CREATE TABLE Orders (
  OrderId int,
  OrderStatus varchar(30),
  OrderDate timestamp,
  CustomerId int,
  OrderTotal numeric
);

INSERT INTO Orders
  VALUES(1,'Shipped','2020-06-09',100,50.05);
INSERT INTO Orders
  VALUES(2,'Shipped','2020-07-11',101,57.45);
INSERT INTO Orders
VALUES(3,'Shipped','2020-07-12',102,135.99);
INSERT INTO Orders
  VALUES(4,'Shipped','2020-07-12',100,43.00);

CREATE TABLE Customers
(
  CustomerId int,
  CustomerName varchar(20),
  CustomerCountry varchar(10)
);

INSERT INTO Customers VALUES(100,'Jane','USA');
INSERT INTO Customers VALUES(101,'Bob','UK');
INSERT INTO Customers VALUES(102,'Miles','UK');
```

다음 질문에 답하기 위한 쿼리를 할 수 있는 데이터 모델을 만들 필요성이 있는지 생각해보자.

- 특정 월에 특정 국가에서 발생한 주문으로 인해 발생한 수익은 얼마인가?

- 주어진 날에 얼마나 많은 주문이 접수되었는가?

팩트(Fact)와 차원(Dimension)

> **차원 모델링(Kimball 모델링**이라고도 함)에 익숙하다면 이 예에서 Orders 테이블에는 **팩트 테이블**에서 모델링될 데이터 유형이 포함되어 있는 반면 Customer 테이블의 데이터는 **차원**에서 모델링된 것을 주목할 것이다. 이러한 개념은 대부분 이 책의 범위를 벗어난다. 그러나 데이터 분석가라면 차원 모델링의 기본 사항에 대해 더 많이 배울 것을 적극 권장한다. 지금은 두 소스 테이블에서 직접 단일 데이터 모델을 생성할 것이다.

예제 테이블에는 몇 개의 레코드만 포함되어 있지만 두 테이블에 수백만 개의 레코드가 있는 경우를 상상해 보자. 이러한 질문에 대한 답은 SQL 쿼리를 사용하면 매우 간단하지만 데이터 볼륨이 높을 때는 데이터 모델을 어느 정도 병합(aggregate)하면 쿼리 실행 시간과 모델의 데이터 볼륨을 줄일 수 있다.

위와 같은 질문이 데이터 모델의 유일한 두 가지 요구 사항인 경우 제공해야 하는 두 가지 측정값이 있다.

- 총 수익
- 주문 수

또한 모델에서 쿼리가 다음과 같이 두 가지 속성을 기준으로 데이터를 필터링하거나 그룹화할 수 있어야 한다.

- 주문 국가
- 주문 날짜

마지막으로 요구 사항에서 가장 작은 시간 단위가 일 단위이기 때문에 모델의 세분성은 '일'이다.

 세분성 최적화

> 데이터 모델의 레코드 수는 모델에 사용된 소스 테이블의 데이터 양, 속성 수 및 세분성의 요인이다. 항상 필요한 가장 작은 단위의 세분성으로 모델링해야 하며, 그 이하로 모델링해서도 안 된다. 모델이 월별 측정값만 제공해야 하는 경우 일일 단위를 설정할 필요가 없으며, 일일 단위로 설정할 경우 모델이 저장하고 쿼리해야 하는 레코드 수만 증가하게 된다.

이 매우 단순화된 데이터 모델에서 먼저 모델(SQL 테이블)의 구조를 정의한 다음 두 테이블을 조인해서 가져온 데이터를 삽입한다.

```sql
CREATE TABLE IF NOT EXISTS order_summary_daily (
  order_date date,
  order_country varchar(10),
  total_revenue numeric,
  order_count int
);


INSERT INTO order_summary_daily
  (order_date, order_country,
  total_revenue, order_count)
SELECT
  o.OrderDate AS order_date,
  c.CustomerCountry AS order_country,
  SUM(o.OrderTotal) as total_revenue,
  COUNT(o.OrderId) AS order_count
FROM Orders o
INNER JOIN Customers c on
  c.CustomerId = o.CustomerId
GROUP BY o.OrderDate, c.CustomerCountry;
```

이제 모델을 쿼리하여 요구 사항에 명시된 질문에 답할 수 있다.

```sql
-- 특정 월에 특정 국가에서 발생한 주문으로 발생한 수익은 얼마인가?

SELECT
  DATE_PART('month', order_date) as order_month,
  order_country,
  SUM(total_revenue) as order_revenue
FROM order_summary_daily
GROUP BY
  DATE_PART('month', order_date),
  order_country
ORDER BY
  DATE_PART('month', order_date),
  order_country;
```

표 6–3 및 6–4의 예제 데이터를 사용한 쿼리는 다음 결과를 반환한다.

```
order_month | order_country | order_revenue
------------+---------------+---------------
          6 | USA          |          50.05
          7 | UK           |         193.44
          7 | USA          |          43.00
(3 rows)

-- 특정 날짜에 주문이 몇 개나 들어왔는가?
SELECT
  order_date,
  SUM(order_count) as total_orders
FROM order_summary_daily
GROUP BY order_date
ORDER BY order_date;
```

이 쿼리는 다음과 같은 결과를 반환한다.

```
order_date | total_orders
-----------+--------------
2020-06-09 |            1
2020-07-11 |            1
2020-07-12 |            2
(3 rows)
```

완전히 새로 고침 된 데이터의 차원을 천천히 변경

데이터가 전체 새로 고침 되면 기존 데이터(예: Customers의 레코드)에 대한 변경 사항을 덮어쓰기 때문에 종종 과거 변경 사항을 추적하기 위해 고급 데이터 모델링 개념이 사용된다.

예를 들어, 다음 섹션에서는 점진적으로 로드되고 CustomerId 100에 대한 업데이트가 포함된 Customers 테이블을 사용할 것이다. 표 6–6에서 볼 수 있듯이 해당 고객은 자신의 CustomerCountry 값이 2020-06-20에 "USA"에서 "UK"로 변경되었음을 나타내는 두 번째 레코드가 있다. 즉, 2020-07-12에 OrderId 4가 입력되었을 때 그녀는 더 이상 미국에 거주하지 않았다는 것이다.

주문 내역을 분석할 때 분석가는 고객의 주문을 주문 당시 거주했던 곳으로 할당할 수 있다. 증분 새로 고침 데이터를 사용하면 다음 섹션에서 볼 수 있듯이 좀 더 쉽게 수행할 수 있다. 하지만 완전히 새로 고침 된 데이터를 사용하면 각 수집 사이에 Customers 테이블의 전체 기록을 유지하고 이러한 변경 사항을 스스로 추적해야 한다.

이를 수행하는 방법은 Kimball(차원) 모델링에 정의되어 있으며 **천천히 변화하는 차원** 또는 **SCD(slowly changing dimension)**라고 한다. 완전히 새로 고쳐진 데이터를 처리할 때는 유형 II SCD가 유용한데, 레코드가 유효한 날짜 범위를 포함하여 엔티티가 변경될 때마다 테이블에 새 레코드를 추가하는 방법이다.

Jane의 고객 레코드가 있는 유형 II SCD는 표 6-5와 같다. 최신 레코드는 아주 먼 미래의 날짜에 만료된다. 일부 유형 II SCD는 만료되지 않은 레코드에 대해 NULL을 사용하기도 하지만, 나중에 보게 되겠지만 훨씬 먼 미래의 날짜로 인해 테이블 쿼리가 오류가 발생하기 쉽다.

표 6-5. 고객 데이터가 있는 유형 II SCD

CustomerId	CustomerName	CustomerCountry	ValidFrom	Expired
100	Jane	USA	2019-05-01 7:01:10	2020-06-20 8:15:34
100	Jane	UK	2020-06-20 8:15:34	2199-12-31 00:00:00

다음 SQL 문을 사용하여 데이터베이스에서 이 테이블을 만들고 채울 수 있다.

```
CREATE TABLE Customers_scd
(
  CustomerId int,
  CustomerName varchar(20),
  CustomerCountry varchar(10),
  ValidFrom timestamp,
  Expired timestamp
);

INSERT INTO Customers_scd
  VALUES(100,'Jane','USA','2019-05-01 7:01:10',
```

```
  '2020-06-20 8:15:34');
INSERT INTO Customers_scd
    VALUES(100,'Jane','UK','2020-06-20 8:15:34',
  '2199-12-31 00:00:00');
```

이전에 생성한 Orders 테이블과 SCD를 조인하여 주문 시 고객 레코드의 속성을 가져올 수 있다. 그렇게 하려면 CustomerId를 조인하는 것 외에도 주문이 접수된 SCD의 날짜 범위를 조인해야 한다. 예를 들어, 이 쿼리는 Jane의 Customers_scd 레코드에 그녀가 각 주문이 접수된 시점에 살았던 것으로 표시된 국가를 반환한다.

```
SELECT
  o.OrderId,
  o.OrderDate,
  c.CustomerName,
  c.CustomerCountry
FROM Orders o
INNER JOIN Customers_scd c
  ON o.CustomerId = c.CustomerId
    AND o.OrderDate BETWEEN c.ValidFrom AND c.Expired
ORDER BY o.OrderDate;
```

```
orderid |     orderdate      | customer name | customer country
--------+--------------------+---------------+------------------
      1 | 2020-06-09 00:00:00 | Jane          | USA
      4 | 2020-07-12 00:00:00 | Jane          | UK
(2 rows)
```

이 로직이 데이터 모델링에서 SCD를 사용하는 데 필요한 전부이기는 하지만, SCD를 최신 상태로 유지하는 것은 어려울 수 있다. Customers 테이블의 경우 각 수집 후 스냅숏을 찍고 변경된 CustomerId 레코드를 찾아야 한다. 가장 좋은 방법은 사용 중인 데이터 웨어하우스와 데이터 오케스트레이션 도구에 따라 달라진다. SCD 구현에 관심이 있다면 Kimball 모델링의 기초를 배우는 것이 좋은데, 그것은 이 책의 범위를 벗어나므로 여기서는 다루지 않는다. 이 주제에 대한 더 자세한 내용을 보려면 랄프 킴벌(Ralph Kimball)과 마기 로스(Margy Ross)의 ≪데이터 웨어하우스 툴킷≫(비제이퍼블릭 2015)을 추천한다.

증분 수집된 데이터 모델링

4장에서 증분 수집된 데이터에는 소스 데이터의 현재 상태뿐만 아니라 수집이 시작된 이후의 이력 기록도 포함된다는 점을 기억하자. 예를 들어, 이전 섹션에서와 동일한 Orders 테이블이지만, 증분 수집되는 Customers_staging이라는 새 고객 테이블을 함께 사용한다. 표 6–6에서 볼 수 있듯이 레코드의 UpdatedDate 값에 대한 새 열과 Jane의 고객 국가(그녀가 거주하는 곳)가 2020–06–20에 미국에서 영국으로 변경되었음을 나타내는 CustomerId 100에 대한 새 레코드가 있다.

표 6–6. 증분 수집된 Customers_staging 테이블

CustomerId	CustomerName	CustomerCountry	LastUpdated
100	Jane	USA	2019–05–01 7:01:10
101	Bob	UK	2020–01–15 13:05:31
102	Miles	UK	2020–01–29 9:12:00
100	Jane	UK	2020–06–20 8:15:34

다음 SQL 문을 사용하여 다음 예제에서 사용할 Customers_staging 테이블을 데이터베이스에 만들고 채울 수 있다.

```sql
CREATE TABLE Customers_staging (
  CustomerId int,
  CustomerName varchar(20),
  CustomerCountry varchar(10),
  LastUpdated timestamp
);

INSERT INTO Customers_staging
  VALUES(100,'Jane','USA','2019-05-01 7:01:10');
INSERT INTO Customers_staging
  VALUES(101,'Bob','UK','2020-01-15 13:05:31');
INSERT INTO Customers_staging
  VALUES(102,'Miles','UK','2020-01-29 9:12:00');
INSERT INTO Customers_staging
  VALUES(100,'Jane','UK','2020-06-20 8:15:34');
```

이전 섹션에서 모델이 대답해야 하는 질문을 기억하자. 이 섹션에서도 모델에 적용할 것이다.

- 특정 월에 특정 국가에서 발생한 주문으로 발생한 수익은 얼마인가?
- 주어진 날에 얼마나 많은 주문이 접수되었는가?

이 경우 데이터 모델을 구축하기 전에 Customer 테이블의 레코드에 대한 변경 사항을 처리하는 방법을 결정해야 한다. Jane의 예에서 Orders 테이블의 두 주문은 어느 국가에 할당되어야 할까? 둘 다 그녀의 현재 국가(영국)에 할당되어야 할까, 아니면 주문 당시 그녀가 살았던 국가(각각 미국 및 영국)에 할당되어야 할까?

선택은 비즈니스 사례에 필요한 로직을 기반으로 해야 하지만, 각각의 구현은 약간 다르다. 그녀의 현재 국가에 할당하는 예부터 생각해보자. 이전 섹션과 유사한 데이터 모델을 구축하여 수행하되, Customers_staging 테이블의 각 CustomerId에 대해 가장 최신 레코드만 사용할 것이다. 모델 요구 사항의 두 번째 질문에는 일일 단위가 필요하므로 날짜 수준에서 모델을 빌드한다.

```sql
CREATE TABLE order_summary_daily_current
(
  order_date date,
  order_country varchar(10),
  total_revenue numeric,
  order_count int
);

INSERT INTO order_summary_daily_current
  (order_date, order_country,
  total_revenue, order_count)
WITH customers_current AS
(
  SELECT CustomerId,
    MAX(LastUpdated) AS latest_update
  FROM Customers_staging
  GROUP BY CustomerId
)
SELECT
  o.OrderDate AS order_date,
```

```
    cs.CustomerCountry AS order_country,
    SUM(o.OrderTotal) AS total_revenue,
    COUNT(o.OrderId) AS order_count
FROM Orders o
INNER JOIN customers_current cc
    ON cc.CustomerId = o.CustomerId
INNER JOIN Customers_staging cs
    ON cs.CustomerId = cc.CustomerId
    AND cs.LastUpdated = cc.latest_update
GROUP BY o.OrderDate, cs.CustomerCountry;
```

특정 월에 특정 국가에서 이루어진 주문에서 얼마나 많은 수익이 발생했는지에 대한 질문에 답할 때 Jane의 주문 두 개는 모두 영국에 할당되었다. 하지만 당시 그녀가 살았던 곳을 감안할 때 6월에 주문에서 50.05라는 값은 미국에 할당되는 것이 맞을 수도 있다.

```
SELECT
    DATE_PART('month', order_date) AS order_month, order_country,
    SUM(total_revenue) AS order_revenue
FROM order_summary_daily_current
GROUP BY
    DATE_PART('month', order_date),
    order_country
ORDER BY
    DATE_PART('month', order_date),
    order_country;
```

```
order_month | order_country | order_revenue
------------+---------------+--------------
    6       | UK            | 50.05
    7       | UK            | 236.44
(2 rows)
```

대신 주문 당시 고객이 살았던 국가에 주문을 할당하려면 모델을 구축하는 데 로직 변경이 필요하다. **CTE(common table expression, 공통 테이블 표현)**의 각 CustomerId에 대한 Customers_staging의 가장 최근 레코드를 찾는 대신 각 고객이 주문한 시간 또는 그 이전에 업데이트된 가장 최근 레코드를 찾는다. 다시 말해, 여기서는 주문 당시 유효한 고객 정보를 원한다.

해당 정보는 주문 시 Customer_staging 레코드 버전에 저장된다. 고객 정보에 대한 이후 업데이트는 해당 특정 주문이 이루어진 후에야 발생한다.

다음 예제의 customer_pit(**pit**는 'point-in-time'의 약어) CTE에는 각 CustomerId/OrderId 쌍에 대한 MAX(cs.LastUpdated)가 포함되어 있다. 최종 SELECT 문에서 해당 정보를 사용하여 데이터 모델을 채운다. 이 쿼리에서 OrderId와 CustomerId를 모두 조인해야 한다. order_summary_daily_pit 모델의 최종 SQL은 다음과 같다.

```sql
CREATE TABLE order_summary_daily_pit
(
  order_date date,
  order_country varchar(10),
  total_revenue numeric,
  order_count int
);


INSERT INTO order_summary_daily_pit
  (order_date, order_country, total_revenue,
order_count)
WITH customer_pit AS
(
  SELECT
    cs.CustomerId,
    o.OrderId,
    MAX(cs.LastUpdated) AS max_update_date
  FROM Orders o
  INNER JOIN Customers_staging cs
    ON cs.CustomerId = o.CustomerId
      AND cs.LastUpdated <= o.OrderDate
  GROUP BY cs.CustomerId, o.OrderId
)
SELECT
  o.OrderDate AS order_date,
  cs.CustomerCountry AS order_country,
  SUM(o.OrderTotal) AS total_revenue,
  COUNT(o.OrderId) AS order_count
FROM Orders o
```

```
INNER JOIN customer_pit cp
  ON cp.CustomerId = o.CustomerId
    AND cp.OrderId = o.OrderId
INNER JOIN Customers_staging cs
  ON cs.CustomerId = cp.CustomerId
    AND cs.LastUpdated = cp.max_update_date
GROUP BY o.OrderDate, cs.CustomerCountry;
```

이전과 동일한 쿼리를 실행하면 Jane의 첫 번째 주문의 수익이 2020년 6월에 미국에 할당되는 반면, 2020년 7월의 두 번째 주문은 예상대로 영국에 할당된 상태로 유지되는 것을 볼 수 있다.

```
SELECT
    DATE_PART('month', order_date) AS order_month, order_country,
    SUM(total_revenue) AS order_revenue
FROM order_summary_daily_pit
GROUP BY
    DATE_PART('month', order_date),
    order_country
ORDER BY
    DATE_PART('month', order_date),
    order_country;
```

```
order_month | order_country | order_revenue
------------+---------------+---------------
    6       | USA           | 50.05
    7       | UK            | 236.44
(2 rows)
```

추가 전용(Append-only) 데이터 모델링

추가 전용 데이터(또는 **삽입 전용 데이터**)는 데이터 웨어하우스로 수집되는 변경할 수 없는 데이터다. 이러한 테이블의 각 레코드는 변경되지 않는 일종의 이벤트다. 웹 사이트의 페이지 조회 기록에 대한 표를 한 예로 볼 수 있다. 데이터 수집이 실행될 때마다 테이블에 새 페이지 보기가 추가되지만 이전 이벤트는 업데이트되거나 삭제되지 않는다. 과거에 일어난 일은 이미 일어난 것이고 바꿀 수 없다.

추가 전용 데이터 모델링은 완전히 새로 고친 데이터 모델링과 유사하다. 그러나 레코드가 삽입되면 변경되지 않는다는 사실을 활용하여 이러한 데이터를 기반으로 구축된 데이터 모델의 생성 및 새로 고침을 최적화할 수 있다.

표 6-7은 웹 사이트에 대한 페이지 보기 레코드를 포함하는 PageViews라는 추가 전용 테이블의 예다. 표의 각 레코드는 회사 웹사이트의 페이지를 보고 있는 고객을 나타낸다. 마지막 수집 이후에 기록된 페이지 보기를 나타내는 새 레코드는 데이터 수집 작업이 실행될 때마다 테이블에 추가된다.

표 6-7. PageViews 테이블

CustomerId	ViewTime	UriPath	utm_medium
100	2020-06-01 12:00:00	/home	social
100	2020-06-01 12:00:13	/product/2554	NULL
101	2020-06-01 12:01:30	/product/6754	search
102	2020-06-01 7:05:00	/home	NULL
101	2020-06-02 12:00:00	/product/2554	social

다음 예제에서 사용하기 위해 하기와 같은 SQL 쿼리를 사용하여 데이터베이스에 PageViews 테이블을 만들고 채울 수 있다.

```
CREATE TABLE PageViews (
  CustomerId int,
  ViewTime timestamp,
  UrlPath varchar(250),
  utm_medium varchar(50)
);

INSERT INTO PageViews
  VALUES(100,'2020-06-01 12:00:00', '/home','social');
INSERT INTO PageViews
  VALUES(100,'2020-06-01 12:00:13', '/product/2554',NULL);
INSERT INTO PageViews
  VALUES(101,'2020-06-01 12:01:30', '/product/6754','search');
INSERT INTO PageViews
```

```
    VALUES(102,'2020-06-02 7:05:00', '/home','NULL');
INSERT INTO PageViews
    VALUES(101,'2020-06-02 12:00:00', '/product/2554','social');
```

페이지 보기 데이터가 있는 실제 테이블에는 조회된 페이지, 참조 URL, 사용자의 브라우저 버전 등에 대한 속성을 저장하는 수십 개 이상의 열이 포함된다는 것에 주목하자.

Memo

☰ URL 구문 분석을 떠올려 볼 것

표 6-7의 PageViews 테이블은 98페이지의 'URL 파싱'에 설명된 방법을 통해 생성된 테이블 유형의 좋은 예다.

이제 다음 질문에 답하도록 설계된 데이터 모델을 정의해보겠다. 이 장의 앞부분에 있는 표 6-4 에 정의된 Customers 테이블을 사용하여 각 고객이 거주하는 국가를 식별할 것이다.

- 하루에 사이트의 각 UrlPath에 대한 페이지 보기는 몇 번인가?
- 각 국가의 고객이 매일 생성하는 페이지 뷰는 몇 개인가?

데이터 모델의 세분성은 일 단위다. 세 가지 속성이 필요하다.

- 페이지 보기의 날짜(타임스탬프 필요 없음)
- 페이지 보기의 UrlPath
- 페이지를 보는 고객이 거주하는 국가

요구되는 측정 항목은 다음과 같이 하나다.

- 페이지 조회 수

모델의 구조는 다음과 같다.

```
CREATE TABLE pageviews_daily (
    view_date date,
    url_path varchar(250),
    customer_country varchar(50),
    view_count int
);
```

모델을 처음 채우기 위한 로직은 이 장의 '완전히 새로 고침 된 데이터 모델링' 섹션에서 소개한 것과 동일하다. PageViews 테이블의 모든 레코드는 pageviews_daily의 채우기 작업에 포함된다. 예제 6-4는 SQL을 보여준다.

예제 6-4. pageviews_daily.sql

```
INSERT INTO pageviews_daily
  (view_date, url_path, customer_country, view_count)
SELECT
  CAST(p.ViewTime as Date) AS view_date,
  p.UrlPath AS url_path,
  c.CustomerCountry AS customer_country,
  COUNT(*) AS view_count
FROM PageViews p
LEFT JOIN Customers c ON c.CustomerId = p.CustomerId
GROUP BY
  CAST(p.ViewTime as Date),
  p.UrlPath,
  c.CustomerCountry;
```

모델에게 요구되는 질문 중 하나(각 국가의 고객이 매일 생성하는 페이지 뷰 수)에 답하기 위해 다음 SQL이 트릭을 수행한다.

```
SELECT
  view_date,
  customer_country,
  SUM(view_count)
FROM pageviews_daily
GROUP BY view_date, customer_country
ORDER BY view_date, customer_country;
```

```
view_date  | customer_country | sum
-----------+------------------+-----
2020-06-01 | UK               |   1
2020-06-01 | USA              |   2
2020-06-02 | UK               |   2
(3 rows)
```

이제 PageViews 테이블에 대한 다음 데이터 수집이 실행될 때 수행할 작업을 생각해보자. 새 레코드가 추가되지만 기존 레코드는 모두 그대로 유지된다. pageviews_daily 모델을 업데이트하려면 두 가지 옵션이 있다.

- pageviews_daily 테이블을 자르고 처음 채우기 작업에 사용한 것과 동일한 INSERT 문을 실행한다. 이 경우 **모델을 완전히 새로 고침한다**.

- PageViews의 새 레코드만 pageviews_daily로 로드한다. 이 경우 모델을 **증분으로 새로 고친다**.

첫 번째 옵션은 가장 덜 복잡하고 모델을 구축하는 분석가 측에서 논리적 오류를 일으킬 가능성이 적다. INSERT 작업이 사용 사례에 충분히 빠르게 실행되는 경우 이 경로를 사용하는 것이 좋다. 그러나 모델의 전체 새로 고침은 PageViews 및 Customers 데이터세트가 증가함에 따라 런타임도 함께 증가하게 되므로 주의가 필요하다.

두 번째 옵션은 조금 더 복잡하지만 큰 데이터세트로 작업할 때 런타임을 줄일 수 있다. 이 경우 증분 새로 고침에서 주의할 부분은 pageviews_daily 테이블이 날짜별로 세분화되어 있는 반면(타임스탬프가 없는 날짜), PageViews 테이블에 수집된 새 레코드는 전체 타임스탬프로 세분화된다는 사실이다.

이게 왜 문제가 될까? 하루 전체에 대한 레코드 마지막에서 pageviews_daily를 새로 고침할 가능성은 작다. 즉, pageviews_daily에 2020-06-02에 대한 데이터가 있지만 다음 수집 실행에서 해당 날짜의 새 레코드가 PageViews에 로드될 수 있다는 것이다.

표 6-8은 바로 그 경우를 보여준다. 표 6-7에서 이전 버전의 PageViews에 두 개의 새 레코드가 추가되었다. 첫 번째 새 페이지 조회는 2020-06-02에 발생했으며 두 번째는 다음 날에 발생했다.

표 6-8. 레코드가 추가된 PageViews 테이블

CustomerId	ViewTime	UriPath	utm_medium
100	2020-06-01 12:00:00	/home	social
100	2020-06-01 12:00:13	/product/2554	NULL
101	2020-06-01 12:01:30	/product/6754	search
102	2020-06-01 7:05:00	/home	NULL

CustomerId	ViewTime	UriPath	utm_medium
101	2020-06-02 12:00:00	/product/2554	social
102	2020-06-02 12:03:42	/home	NULL
101	2020-06-03 12:25:01	/product/567	social

pageviews_daily 모델을 점진적으로 새로 고치기 전에 현재 모습의 스냅숏을 살펴보자.

```
SELECT *
FROM pageviews_daily
ORDER BY view_date, url_path, customer_country;
```

```
view_date  |  url_path.  |  customer_country  |  view_count
-----------+-------------+--------------------+-------------
2020-06-01 | /home       | USA                |     1
2020-06-01 | /product/2554 | USA              |     1
2020-06-01 | /product/6754 | UK               |     1
2020-06-02 | /home       | UK                 |     1
2020-06-02 | /product/2554 | UK                |     1
(5 rows)
```

이제 다음 SQL 문을 사용하여 표 6-8에 표시된 두 개의 새 레코드를 데이터베이스에 삽입할 수 있다.

```
INSERT INTO PageViews
  VALUES(102,'2020-06-02 12:03:42', '/home',NULL);
INSERT INTO PageViews
  VALUES(101,'2020-06-03 12:25:01', '/product/567','social');
```

증분 새로 고침의 첫 번째 시도로 pageviews_daily (2020-06-02)의 현재 MAX(view_date)보다 큰 타임스탬프가 있는 PageViews의 레코드를 pageviews_daily에 포함하기만 하면 된다. 하지만 이때 pageviews_daily에 삽입하는 대신 page views_daily_2라는 다른 복사본을 만들어 이 예제에 사용해보겠다. 이렇게 하는 이유는 잠시 후에 보게 되겠지만 이것이 올바른 접근 방식이 아니기 때문이다! SQL은 다음과 같다.

```
CREATE TABLE pageviews_daily_2 AS
SELECT * FROM pageviews_daily;

INSERT INTO pageviews_daily_2
  (view_date, url_path,
  customer_country, view_count)
SELECT
  CAST(p.ViewTime as Date) AS view_date,
  p.UrlPath AS url_path,
  c.CustomerCountry AS customer_country,
  COUNT(*) AS view_count
FROM PageViews p
LEFT JOIN Customers c
  ON c.CustomerId = p.CustomerId
WHERE
  p.ViewTime >
  (SELECT MAX(view_date) FROM pageviews_daily_2)
GROUP BY
  CAST(p.ViewTime as Date),
  p.UrlPath,
  c.CustomerCountry;
```

그러나 다음 코드에서 볼 수 있듯이 2020-06-02 자정 이후의 모든 이벤트가 새로 고침에 포함되기 때문에 여러 레코드가 중복된다. 즉, 이전에 모델에서 설명된 2020-06-02의 페이지 뷰가 다시 계산된다. 일일 세분화된 pageviews_daily(그리고 pageviews_daily_2라는 복사본)에 전체 타임스탬프가 저장되어 있지 않기 때문이다. 이 모델 버전을 보고 또는 분석에 사용했다면 페이지 조회 수가 과대 평가되었을 것이다!

```
SELECT *
FROM pageviews_daily_2
ORDER BY view_date, url_path, customer_country;


view_date    |   url_path     | customer_country | view_count
-------------+----------------+------------------+-----------
2020-06-01   | /home          | USA              |     1
2020-06-01   | /product/2554  | USA              |     1
2020-06-01   | /product/6754  | UK               |     1
```

```
2020-06-02 ¦ /home         ¦ UK                ¦    2
2020-06-02 ¦ /home         ¦ UK                ¦    1
2020-06-02 ¦ /product/2554 ¦ UK                ¦    1
2020-06-02 ¦ /product/2554 ¦ UK                ¦    1
2020-06-03 ¦ /product/567  ¦ UK                ¦    1
(8 rows)
```

view_count를 날짜별로 요약하면 2020-06-02의 페이지 뷰가 표 6-8에 나온 대로 실제 3개가 아니라 5개로 보이는 것을 알 수 있다. 이전에 pageviews_daily_2에 추가되었던 그 날의 두 페이지 보기가 다시 추가되었기 때문이다.

```
SELECT
  view_date,
  SUM(view_count) AS daily_views
FROM pageviews_daily_2
GROUP BY view_date
ORDER BY view_date;
```

```
view_date  ¦ daily_views
-----------+-------------
2020-06-01 ¦ 3
2020-06-02 ¦ 5
2020-06-03 ¦ 1
(3 rows)
```

많은 분석가가 취하는 또 다른 접근 방식은 PageViews 테이블에서 최종 레코드의 전체 타임스탬프를 저장하고 증분 새로 고침의 다음 시작점으로 사용하는 것이다. 하지만 지난번과 마찬가지로 잘못된 솔루션이므로 이번에도 새 테이블(이번에는 페이지 views_daily_3이라고 함)을 생성하겠다.

```
CREATE TABLE pageviews_daily_3 AS
SELECT * FROM pageviews_daily;

INSERT INTO pageviews_daily_3
  (view_date, url_path,
   customer_country, view_count)
```

```
SELECT
  CAST(p.ViewTime as Date) AS view_date,
  p.UrlPath AS url_path,
  c.CustomerCountry AS customer_country,
  COUNT(*) AS view_count
FROM PageViews p
LEFT JOIN Customers c
  ON c.CustomerId = p.CustomerId
WHERE p.ViewTime > '2020-06-02 12:00:00'
GROUP BY
  CAST(p.ViewTime AS Date),
  p.UrlPath,
  c.CustomerCountry;
```

이번에도 역시 pageviews_daily_3의 새 버전을 보면 이상한 것을 발견할 수 있다. 2020-06-02
의 총 페이지 조회 수는 이제 3으로 정확하지만 동일한 두 행이 있다(2020-06-02라는 view_date, /
home이라는 url_path, UK라는 customer_country).

```
SELECT *
FROM pageviews_daily_3
ORDER BY view_date, url_path, customer_country;
```

view_date	url_path	customer_country	view_count
2020-06-01	/home	USA	1
2020-06-01	/product/2554	USA	1
2020-06-01	/product/6754	UK	1
2020-06-02	/home	UK	1
2020-06-02	/home	UK	1
2020-06-02	/product/2554	UK	1
2020-06-03	/product/567	UK	1

(7 rows)

다행스럽게도 이 경우 일별, 국가별 페이지뷰 수에 대한 답변은 옳다. 그러나 필요하지 않은 데
이터를 저장하는 것은 낭비다. 이 두 레코드는 view_count 값이 2인 단일 레코드로 결합될 수 있
다. 예제 테이블은 크기가 작지만 실제로 이러한 테이블이 수십억 개의 레코드를 갖는 경우는 드

문 일이 아니다. 불필요하게 중복된 레코드 수가 늘어나 저장 공간과 향후 쿼리 시간이 낭비될 것이다.

더 나은 접근 방식은 모델에서 가장 최근 일(또는 테이블의 단위에 따라 주, 월 등)에 더 많은 데이터가 로드되었다고 가정하는 것이다. 접근 방식은 다음과 같다.

1. `tmp_pageviews_daily`라는 이름으로 현재 포함된 두 번째 날부터 마지막 날까지의 모든 레코드에 대해 `pageviews_daily`의 복사본을 만든다. 이 예제에서는 2020-06-01까지의 모든 데이터를 의미한다.

2. 원본 테이블(PageViews)의 모든 레코드를 다음 날(2020-06-02)부터 복사본에 삽입한다.

3. `pageviews_daily`를 자르고 `tmp_pageviews_daily`에서 데이터를 로드한다.

4. `tmp_pageviews_daily` 테이블을 삭제한다.

> **Memo**
> ### 수정된 접근 방식
>
> 일부 분석가는 약간 다른 접근 방식을 선호한다. 3단계에서 `pageviews_daily`를 자르는 대신 `pageviews_daily`를 삭제한 다음 `tmp_pageviews_daily`의 이름을 `pageviews_daily`로 바꾼다. 장점은 `pageviews_daily`가 3단계와 4단계 사이에 비어 있지 않고 바로 쿼리할 수 있다는 것이다. 반면에 단점은 일부 데이터 웨어하우스 플랫폼에서 1단계에서 `pageviews_daily`에 설정된 권한이 `tmp_pageviews_daily`로 복사되지 않아 권한을 잃게 된다는 것이다. 이 대체 접근 방식을 고려하기 전에 데이터 웨어하우스 플랫폼에 대한 문서를 참조해야 한다.

모델의 증분 새로 고침을 위한 올바른 최종 SQL은 다음과 같다.

```sql
CREATE TABLE tmp_pageviews_daily AS
SELECT *
FROM pageviews_daily
WHERE view_date
  < (SELECT MAX(view_date) FROM pageviews_daily);

INSERT INTO tmp_pageviews_daily
  (view_date, url_path, customer_country, view_count)
SELECT
  CAST(p.ViewTime as Date) AS view_date,
  p.UrlPath AS url_path,
  c.CustomerCountry AS customer_country,
```

```
    COUNT(*) AS view_count
FROM PageViews p
LEFT JOIN Customers c
  ON c.CustomerId = p.CustomerId
WHERE p.ViewTime
  > (SELECT MAX(view_date) FROM pageviews_daily)
GROUP BY
  CAST(p.ViewTime as Date),
  p.UrlPath,
  c.CustomerCountry;

TRUNCATE TABLE pageviews_daily;

INSERT INTO pageviews_daily
SELECT * FROM tmp_pageviews_daily;

DROP TABLE tmp_pageviews_daily;
```

마지막으로 다음은 적절한 증분 새로 고침의 결과다. 총 페이지 뷰 수가 정확하고 모델의 요구 사항을 고려했을 때 데이터가 가능한 한 효율적으로 저장된다.

```
SELECT *
FROM pageviews_daily
ORDER BY view_date, url_path, customer_country;

view_date   |    url_path    | customer_country | view_count
------------+----------------+------------------+------------
2020-06-01  | /home          | USA              |     1
2020-06-01  | /product/2554  | USA              |     1
2020-06-01  | /product/6754  | UK               |     1
2020-06-02  | /home          | UK               |     2
2020-06-02  | /product/2554  | UK               |     1
2020-06-03  | /product/567   | UK               |     1
(6 rows)
```

변경 캡처 데이터 모델링

4장에서 CDC를 통해 수집된 데이터는 수집 후 데이터 웨어하우스에 특정 방식으로 저장된다는 점을 상기해보자. 예를 들어, 표 6-9는 CDC를 통해 수집된 Orders_cdc라는 테이블의 내용을 보여준다. 여기에는 소스 시스템의 세 가지 주문 내역이 포함된다.

표 6-9. Orders_cdc 테이블

EventType	OrderId	OrderStatus	LastUpdated
insert	1	Backordered	2020-06-01 12:00:00
update	1	Shipped	2020-06-09 12:00:25
Delete	1	Shipped	2020-06-10 9:05:12
insert	2	Backordered	2020-07-01 11:00:00
update	2	Shipped	2020-07-09 12:15:12
insert	3	Backordered	2020-07-11 13:10:12

다음 SQL 문으로 Orders_cdc 테이블을 만들고 채울 수 있다.

```
CREATE TABLE Orders_cdc
(
  EventType varchar(20),
  OrderId int,
  OrderStatus varchar(20),
  LastUpdated timestamp
);

INSERT INTO Orders_cdc
  VALUES('insert',1,'Backordered', '2020-06-01 12:00:00');
INSERT INTO Orders_cdc
  VALUES('update',1,'Shipped', '2020-06-09 12:00:25');
INSERT INTO Orders_cdc
  VALUES('delete',1,'Shipped', '2020-06-10 9:05:12');
INSERT INTO Orders_cdc
  VALUES('insert',2,'Backordered', '2020-07-01 11:00:00');
INSERT INTO Orders_cdc
  VALUES('update',2,'Shipped', '2020-07-09 12:15:12');
```

```
INSERT INTO Orders_cdc
  VALUES('insert',3,'Backordered', '2020-07-11 13:10:12');
```

주문 1의 레코드는 주문이 접수됐을 때 처음 생성되었지만 주문 상태가 Backordered로 돼 있다. 8일 후 배송될 때 소스 시스템에서 레코드가 업데이트되었다. 하루 후 어떤 이유로 레코드가 소스 시스템에서 삭제되었다. 주문 2도 비슷한 여정을 거쳤지만 삭제된 적은 없다. 주문 3은 배치될 때 처음 삽입되었으며 업데이트된 적이 없다. CDC 덕분에 모든 주문의 현재 상태뿐만 아니라 전체 내역도 알 수 있다.

이러한 방식으로 저장된 데이터를 모델링하는 방법은 데이터 모델이 답해야 하는 질문에 따라 다르다. 예를 들어 운영 대시보드에서 사용할 모든 주문의 현재 상태를 보고하고 싶을 수도 있다. 대시보드에 현재 각 상태의 주문 수를 표시해야 할 수도 있다. 간단한 모델은 다음과 같을 것이다.

```
CREATE TABLE orders_current (
  order_status varchar(20),
  order_count int
);

INSERT INTO orders_current
  (order_status, order_count)
  WITH o_latest AS
  (
    SELECT
      OrderId,
      MAX(LastUpdated) AS max_updated
    FROM Orders_cdc
    GROUP BY orderid
  )
  SELECT o.OrderStatus,
    Count(*) as order_count
  FROM Orders_cdc o
  INNER JOIN o_latest
    ON o_latest.OrderId = o_latest.OrderId
      AND o_latest.max_updated = o.LastUpdated
  GROUP BY o.OrderStatus;
```

이 예에서는 하위 쿼리 대신 CTE를 사용하여 각 OrderId에 대한 MAX(LastUpdated) 타임스탬프를 찾는다. 그런 다음 결과 CTE를 Orders_cdc 테이블에 조인하여 각 주문에 대한 가장 최근 레코드의 OrderStatus를 가져온다.

원래 질문에 답하자면, 두 주문의 OrderStatus가 Shipped이고 하나는 여전히 Backordered임을 알 수 있다.

```
SELECT * FROM orders_current;

order_status | order_count
-------------+-------------
Shipped      |        2
Backordered  |        1
(2 rows)
```

그러나 이것이 질문에 대한 올바른 대답일까? OrderId 1의 최신 상태가 현재 Shipped인 동안 주문 레코드가 소스 데이터베이스에서 삭제되었음을 기억하자. 시스템 설계가 좋지 않은 것처럼 보일 수 있지만 지금은 고객이 주문을 취소하면 소스 시스템에서 삭제된다고 가정해 보겠다. 삭제를 고려하기 위해 모델 새로 고침을 약간 수정하여 삭제를 무시하겠다.

```
TRUNCATE TABLE orders_current;

  INSERT INTO orders_current
  (order_status, order_count)
  WITH o_latest AS
  (
    SELECT
      OrderId,
      MAX(LastUpdated) AS max_updated
    FROM Orders_cdc
    GROUP BY orderid
  )
  SELECT o.OrderStatus,
    Count(*) AS order_count
  FROM Orders_cdc o
  INNER JOIN o_latest
```

```
    ON o_latest.OrderId = o_latest.OrderId
      AND o_latest.max_updated = o.LastUpdated
  WHERE o.EventType <> 'delete'
  GROUP BY o.OrderStatus;
```

보다시피 삭제된 주문은 더 이상 고려되지 않는다.

```
SELECT * FROM orders_current;
```

```
order_status | order_count
-------------+-------------
Shipped      |           1
Backordered  |           1
(2 rows)
```

CDC에서 수집한 데이터의 또 다른 일반적인 용도는 변경 자체를 이해하는 것이다. 예를 들어, 분석가가 주문이 Backordered에서 Shipped 상태로 전환되는 데 평균적으로 얼마나 걸리는지 알고 싶어할 수 있다. 다시 CTE(이번에는 2개다!)를 사용하여 각 주문이 Backordered 및 Shipped된 첫 번째 날짜를 찾는다. 그런 다음 이월 주문 및 배송된 각 주문이 Backordered 상태에 있었던 날짜를 확인하기 위해 두 날짜를 빼서 계산한다. 이 로직은 현재 이월 주문되었지만 아직 배송되지 않은 OrderId 3은 의도적으로 무시한다는 것을 기억하자.

```
CREATE TABLE orders_time_to_ship (
  OrderId int,
  backordered_days interval
);


INSERT INTO orders_time_to_ship
  (OrderId, backordered_days)
WITH o_backordered AS
(
  SELECT
    OrderId,
    MIN(LastUpdated) AS first_backordered
  FROM Orders_cdc
```

```
  WHERE OrderStatus = 'Backordered'
  GROUP BY OrderId
),
o_shipped AS
(
  SELECT
    OrderId,
    MIN(LastUpdated) AS first_shipped
  FROM Orders_cdc
  WHERE OrderStatus = 'Shipped'
  GROUP BY OrderId
)
SELECT b.OrderId,
  first_shipped - first_backordered
    AS backordered_days
FROM o_backordered b
INNER JOIN o_shipped s on s.OrderId = b.OrderId;
```

각 주문의 이월 주문 시간을 확인하고 AVG() 함수를 사용하여 원래 질문에 답할 수 있다.

```
SELECT * FROM orders_time_to_ship;
```

```
orderid | backordered_days
--------+------------------
      1 | 8 days 00:00:25
      2 | 8 days 01:15:12
(2 rows)
```

```
SELECT AVG(backordered_days)
FROM orders_time_to_ship;
```

```
avg
------------------
8 days 00:37:48.5
(1 row)
```

전체 변경 기록을 가지고 있는 데이터에 대한 다른 많은 사용 사례가 있지만, 완전히 새로 로드되었거나 추가 전용인 모델링 데이터와 마찬가지로 몇 가지 일반적인 모범 사례 및 고려 사항이 있다.

이전 섹션과 마찬가지로 CDC를 통해 수집된 데이터가 완전히 새로 로드되지 않고 증분 로드되면 잠재적인 성능 향상을 얻을 수 있다. 그러나 해당 섹션에서 언급했듯이 성능 향상이 증분 모델로 인한 복잡성 추가를 감수할 가치가 없는 경우가 있다. 이는 CDC 데이터로 작업하는 경우 사실일 때가 많다. 업데이트와 삭제를 모두 처리하는 추가적인 복잡성으로 인해 완전히 새로 로드하는 것을 오히려 더 선호하기도 한다.

07

파이프라인
오케스트레이션

이전 장에서는 데이터 수집, 데이터 변환 및 머신러닝 파이프라인의 단계를 포함한 데이터 파이프라인의 빌딩 블록에 대해 설명했다. 이 장에서는 이러한 블록이나 단계를 '오케스트레이션'하거나 함께 묶는 방법을 다룬다.

오케스트레이션은 파이프라인의 단계가 올바른 순서로 실행되고 단계 간의 종속성이 적절하게 관리되게 한다.

2장에서 파이프라인을 오케스트레이션하는 문제를 소개할 때 워크플로 오케스트레이션 플랫폼(WMS(워크플로 관리 시스템), 오케스트레이션 플랫폼 또는 오케스트레이션 프레임워크라고도 함)의 개념도 소개했다. 이 장에서는 이러한 프레임워크 중 가장 널리 사용되는 아파치 에어플로우(Apache Airflow)에 집중한다. 이 장의 대부분이 에어플로우의 예제에 집중하지만 해당 개념은 다른 프레임워크로도 이전할 수 있다. 특히 이 장의 뒷부분에서 에어플로우에 대한 몇 가지 대안을 언급할 것이다.

마지막으로 이 장의 후반부에서는 데이터 인프라에서 여러 파이프라인을 조정하는 것을 포함하여 파이프라인 오케스트레이션의 고급 개념에 대해 설명한다.

방향성 비순환 그래프

2장에서 DAG를 소개하기는 했지만 DAG가 무엇인지 다시 얘기해보자. 이 장에서는 데이터 파이프라인에서 작업을 오케스트레이션하기 위해 아파치 에어플로우에서 설계 및 구현하는 방법에 대해 설명한다.

파이프라인 단계(작업)는 항상 **지시(directed)**에 따른다. 즉, 작업 또는 여러 작업으로 시작하여 특정 작업으로 끝난다. 이는 실행 경로를 보장하기 위해 필요하다. 즉, 모든 종속 작업이 성공적으로 완료되기 전에 작업이 실행되지 않게 한다.

파이프라인 그래프는 또한 **순환적**이어야 한다. 즉, 작업은 이전에 완료된 작업을 가리킬 수 없다. 다시 말하면 순환할 수 없다는 것이다. 또한 가능하다면 파이프라인이 끝없이 실행될 수 있다.

그림 7-1에 나와 있는 2장의 다음 DAG 예를 기억할 것이다. 아파치 에어플로우에 정의된 DAG다.

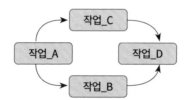

그림 7-1. 4개의 작업을 가진 DAG. 작업 A가 완료되면, 작업 B와 작업 C가 실행된다. 두 개가 모두 완료되면 작업 D가 실행된다.

에어플로우의 작업은 SQL 문 실행에서 파이썬 스크립트 실행에 이르기까지 모든 것을 나타낼 수 있다. 다음 섹션에서 볼 수 있듯이 파이썬를 사용하면 데이터 파이프라인에서 작업을 정의, 예약 및 실행할 수 있으며 적절한 순서로 실행되게 할 수 있다.

아파치 에어플로우 설정 및 개요

에어플로우는 2014년 에어비앤비(Airbnb)에서 맥심 부시민(Maxime Beauchemin)이 시작한 오픈 소스 프로젝트다. 이 프로젝트는 2016년 3월 아파치 소프트웨어 재단의 인큐베이터 프로그램에 합류했다. 에어플로우는 데이터 엔지니어링 팀이 직면한 공통 과제인 구축, 관리 방법을 해결하기 위해 구축되었으며, 상호 종속성이 있는 여러 작업을 포함하는 워크플로(특히 데이터 파이프라인)를 모니터링한다.

에어플로우는 처음 출시된 후 6년 동안 데이터 팀에서 가장 인기 있는 워크플로 관리 플랫폼 중 하나가 되었다. 사용하기 쉬운 웹 인터페이스, 고급 명령줄 유틸리티, 내장된 스케줄러 및 높은 수준의 사용자 정의 기능은 거의 모든 데이터 인프라에 적합했다. 파이썬으로 빌드되었지만 모든 언어 또는 플랫폼에서 실행되는 작업을 실행할 수 있었다. 따라서 일반적으로 데이터 파이프라인을 관리하는 데 사용되지만 모든 종류의 종속 작업을 오케스트레이션하기 위해 일반화되어 있는 플랫폼이다.

 Note 이 장의 코드 샘플 및 개요는 에어플로우 버전 1.x를 참조한다. 이 책의 집필 당시 에어플로우 2.0은 곧 출시될 예정이었으며 새로운 웹 UI, 향상된 스케줄러, 완전한 기능을 갖춘 REST API 등과 같은 몇 가지 주요 개선 사항이 포함될 예정이다. 이 장의 세부 사항은 에어플로우 1.x를 참조하지만 개념은 에어플로우 2.0에서도 그대로 유지된다. 또한 여기에 제공된 코드는 수정이 거의 또는 전혀 없이 에어플로우 2.0에서 작동하도록 의도되었다.

설치 및 구성

에어플로우 설치는 고맙게도 매우 간단하다. 29페이지의 '파이썬 환경 설정'에서 소개한 pip을 사용해야 한다. 처음으로 에어플로우를 설치하고 실행하면 에어플로우 데이터베이스, 웹 서버 및 스케줄러와 같은 일부 구성 요소가 표시된다. 다음 섹션에서 각각이 무엇이며 어떻게 추가로 구성할 수 있는지 정의할 것이다.

💡 **TIP** **가상 환경의 에어플로우**

에어플로우는 파이썬으로 구축되었으므로 에어플로우를 파이썬 가상 환경(virtualenv)에 설치하는 것이 좋다. 사실, 에어플로우를 테스트하거나 다른 파이썬 프로젝트가 있는 머신에서 실행 중인 경우 그렇게 하는 것이 좋다. 자세한 내용은 29페이지의 '파이썬 환경 설정'을 참조하면 된다. 가상 환경을 사용하는 경우 계속하기 전에 가상 환경의 이름이 생성되고 활성화되었는지 확인해야 한다.

공식 에어플로우 빠른 시작 가이드[1]의 설치 지침을 따르면 된다. 일반적으로 설치하는 데 5분 미만의 시간이 소요된다!

---

[1] https://airflow.apache.org/docs/apache-airflow/stable/start/index.html

에어플로우를 설치하고 웹 서버를 실행하면 브라우저에서 http://localhost:8080을 방문하여 에어플로우 웹 UI를 볼 수 있다. 에어플로우의 다양한 구성 요소와 구성 방법에 대해 자세히 알아보려면 이 섹션의 나머지 부분을 잘 읽어보기 바란다. 첫 번째 에어플로우 DAG를 구축할 준비가 되었다면 142페이지의 '에어플로우 DAG 구축'으로 건너뛸 수 있다.

에어플로우의 고급 배포에 대해서는 공식 에어플로우 문서[2]를 살펴보는 것이 좋다.

에어플로우 데이터베이스

에어플로우는 데이터베이스를 사용하여 각 작업 및 DAG의 실행 기록 및 에어플로우 구성과 관련된 모든 메타데이터를 저장한다. 기본적으로 에어플로우는 SQLite 데이터베이스를 사용하며, 설치하는 동안 airflow initdb 명령을 실행하면 에어플로우가 SQLite 데이터베이스를 생성한다. 에어플로우를 배우고 있거나 소규모 프로젝트를 진행 중인 경우 그대로 사용하면 된다. 그러나 대규모 요구 사항의 경우 MySQL 또는 Postgres 데이터베이스를 사용하는 것이 좋다. 고맙게도 에어플로우는 Sql Alchemy라는 좋은 라이브러리를 사용하며 SQLite 대신 이러한 데이터베이스를 사용하도록 쉽게 재구성할 수 있다.

에어플로우가 사용하는 데이터베이스를 변경하려면 설치 중에 AIRFLOW_HOME에 사용한 경로에 있는 **airflow.cfg** 파일을 열어야 한다. 설치 예에서 그것은 ~/airflow다. 파일에서 sql_alchemy_conn 구성에 대한 행을 볼 수 있다. 다음과 같이 보일 것이다.

```
# The SqlAlchemy connection string to the metadata database.
# SqlAlchemy supports many different database engine, more information
# their website
sql_alchemy_conn = sqlite:////Users/myuser/airflow/ airflow.db
```

기본적으로 값은 로컬 SQLite 데이터베이스에 대한 연결 문자열로 설정된다. 다음 예에서는 Postgres 데이터베이스와 에어플로우용 사용자를 만들고 구성한 다음 기본 SQLite 데이터베이스 대신 새 데이터베이스를 사용하도록 에어플로우를 구성한다.

Postgres 서버가 실행 중이고 psql(Postgres 대화형 터미널)을 실행할 수 있는 액세스 권한과 psql에서 데이터베이스와 사용자를 생성할 수 있는 권한이 있다고 가정한다. 모든 Postgres

---

2 https://airflow.apache.org/docs/apache-airflow/stable/

데이터베이스가 가능하지만 에어플로우가 실행되는 시스템에서 액세스할 수 있어야 한다. Postgres 서버 설치 및 구성에 대한 자세한 내용은 PostgreSQL 공식 사이트[3]를 참조하면 된다. 혹은 AWS와 같은 플랫폼에서 관리형 Postgres 인스턴스를 사용할 수도 있다. 에어플로우가 설치된 시스템이 액세스할 수 있는 한 괜찮다.

먼저 명령줄에서 psql을 시작하거나 Postgres 서버에 연결된 SQL 편집기를 연다.

이제 에어플로우에서 사용할 사용자를 만든다. 간단하게 이름을 airflow로 지정한다. 또한 사용자의 비밀번호를 설정한다.

```
CREATE USER airflow;
ALTER USER airflow WITH PASSWORD 'pass1';
```

그리고 에어플로우를 위한 데이터베이스를 생성한다. 이름은 airflowdb라고 하겠다.

```
CREATE DATABASE airflowdb;
```

마지막으로, 새로운 사용자에게 새 데이터베이스에 대한 모든 권한을 부여한다. 에어플로우는 데이터베이스에 대한 읽기 및 쓰기 권한을 모두 가지고 있어야 한다.

```
GRANT ALL PRIVILEGES
  ON DATABASE airflowdb TO airflow;
```

이제 돌아가서 **airflow.cfg** 파일에서 연결 문자열을 수정할 수 있다. Postgres 서버가 에어플로우와 동일한 시스템에서 실행되고 있다고 가정하지만 그렇지 않은 경우 localhost를 Postgres가 실행 중인 호스트의 전체 경로로 바꿔 다음을 수정해야 한다. 완료되면 **airflow.cfg**를 저장한다.

```
sql_alchemy_conn = postgresql+psycopg2://
airflow:pass1@localhost:5432/airflowdb
```

에어플로우는 파이썬을 통해 Postgres 데이터베이스에 연결해야 하므로 psycopg2 라이브러리도 설치해야 한다.

---

3 https://www.postgresql.org/

```
$ pip install psycopg2
```

마지막으로 명령줄로 돌아가 Postgres에서 에어플로우 데이터베이스를 다시 초기화한다.

```
$ airflow initdb
```

앞으로 Postgres 서버의 `airflowdb` 데이터베이스에서 모든 에어플로우 메타데이터를 찾을 수 있다. 작업 기록을 포함하여 쿼리할 수 있는 풍부한 정보가 있다. 다음 섹션에서 설명하는 대로 Postgres 데이터베이스에서 직접 쿼리하거나 에어플로우 웹 UI에서 바로 쿼리할 수 있다. SQL 을 통해 데이터를 쿼리할 수 있게 되면 보고 및 분석 기회의 세계가 열린다. 파이프라인의 성능 을 분석하는 데 있어 이보다 더 좋은 방법은 없으며 에어플로우가 기본적으로 수집하는 데이터 로 분석할 수 있다! 이 책의 10장에서는 이 데이터와 기타 데이터를 사용하여 데이터 파이프라 인의 성능을 측정하고 모니터링하는 방법에 대해 설명할 것이다.

웹 서버 및 UI

`airflow webserver -p 8080` 명령을 실행하여 설치 후 웹 서버를 시작했을 때 저장된 내용을 살짝 엿볼 수 있다. 그렇지 않은 경우 웹 브라우저를 열고 http://localhost:8080으로 이동한다. 에어 플로우를 새로 설치하는 경우 그림 7-2와 같은 내용이 표시된다.

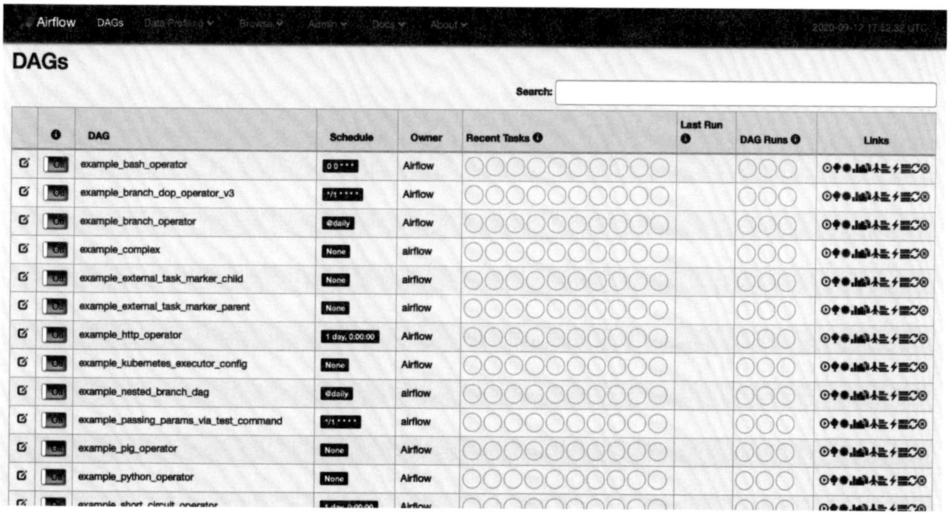

그림 7-2. 에어플로우 웹 UI

웹 UI의 홈 페이지에는 DAG 목록이 표시된다. 보다시피 에어플로우에는 몇 가지 예제 DAG가 포함되어 있어, 에어플로우를 처음 시작하기에 좋다. 자신만의 DAG를 만들면 이 목록에 표시된다.

페이지에는 각 DAG에 대한 여러 링크와 정보가 있다.

- 소스 파일이 있는 경로, 태그, 설명 등을 포함하여 DAG의 속성을 여는 링크.

- DAG를 활성화 및 일시 중지하는 토글. 활성화되면 네 번째 열에 정의된 일정이 실행 시간을 나타낸다. 일시 중지되면 일정이 무시되고 DAG는 수동으로만 실행할 수 있다.

- DAG의 이름은 클릭하면 그림 7-3과 같이 DAG 세부 정보 페이지로 이동한다.

- 일시 중지되지 않은 경우 DAG가 실행되는 일정. crontab 형식[4]으로 표시되고 DAG 소스 파일에 정의된다.

- DAG의 소유자. 일반적으로 이것은 airflow이지만 더 복잡한 배포에서는 선택할 수 있는 소유자가 여러 명일 수 있다.

- 최근 작업. 최신 DAG 실행 요약이다.

- DAG의 마지막 실행 타임스탬프.

- 이전 DAG 실행 요약.

- 다양한 DAG 구성 및 정보에 대한 링크 세트. DAG 이름을 클릭하면 이러한 링크도 된다.

DAG 이름을 클릭하면 그림 7-3과 같이 DAG 세부 정보 페이지에서 DAG의 트리 보기로 이동한다. 이는 에어플로우와 함께 제공되는 example_python_operator DAG다. DAG에는 모두 PythonOperator인 5개의 작업이 있다(이 섹션의 뒷부분에서 연산자에 대해 배운다). print_the_context 작업이 성공적으로 완료되면 5개의 작업이 시작된다. 작업이 끝나면 DAG 실행이 완료된다.

---

4 https://www.dataliftoff.com/cron-expression-tutorial/

그림 7-3. 에어플로우 DAG의 트리 보기

페이지 상단의 그래프 보기(Graph View) 버튼을 클릭하여 DAG가 그래프로 어떻게 보이는지 확인할 수도 있다. 이 보기 기능은 아주 유용한데, 특정 DAG가 그림 7-4에서 그래프로 어떻게 보이는지 볼 수 있다.

작업이 많은 보다 복잡한 DAG에서는 그래프 보기가 화면에서 보기에 약간 어려울 수 있다. 그럴 경우 마우스를 사용하여 그래프를 확대 및 축소하고 스크롤해 확인하면 된다.

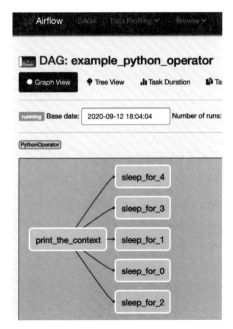

그림 7-4. 에어플로우 DAG의 그래프 보기

화면에는 여러 가지 다른 옵션이 있으며 대부분은 명료해 추가 설명이 필요 없다. 그러나 코드 (Code)와 트리거(Trigger) DAG라는 두 가지는 집중해서 설명하겠다.

코드를 클릭하면 물론 DAG 코드가 표시된다. 가장 먼저 알 수 있는 것은 DAG가 파이썬 스크립트로 정의되어 있다는 것이다. 이 경우 파일 이름은 **example_python_operator.py**다. 이 장의 뒷부분에서 DAG 소스 파일의 구조에 대해 자세히 알아볼 텐데, 현재로서는 일정, 각 작업의 정의 및 각 작업 간의 종속성을 포함하여 DAG의 구성을 기술하고 있다는 것을 아는 것이 중요하다.

트리거 DAG 버튼을 사용하면 DAG를 실행할 수 있다. 에어플로우는 일정에 따라 DAG를 실행하도록 구축되었지만 개발 중, 테스트 중 및 프로덕션의 일정 외 요구 사항에 따라 DAG를 즉시 실행하기 위해서는 이것이 가장 쉬운 방법이다.

DAG를 관리하는 것 외에도 유용하게 사용할 수 있는 웹 UI의 다른 여러 기능이 있다. 상단 탐색 모음에서 데이터 프로파일링(Data Profiling)을 클릭하면 임시 쿼리(Ad Hoc Query), 차트(Charts) 및 알려진 이벤트(Known Event)에 대한 옵션이 표시된다. 다른 도구를 통해 직접 연결하고 싶지 않다면 여기에서 에어플로우 데이터베이스의 정보를 쿼리할 수도 있다.

찾아보기(Browse)에서 DAG 및 기타 로그 파일의 실행 기록을 찾을 수 있으며 관리(Admin)에서 다양한 구성 설정을 찾을 수 있다. 공식 에어플로우 설명서[5]에서 고급 구성 옵션에 대해 자세히 알아볼 수 있다.

스케줄러

에어플로우 스케줄러는 이 장의 앞부분에서 `airflow scheduler` 명령을 실행할 때 시작한 서비스다. 실행 중일 때 스케줄러는 DAG 및 작업을 지속적으로 모니터링하고 실행되도록 예약되었거나 종속성이 충족된 모든 작업을 실행한다(DAG의 작업인 경우).

스케줄러는 **airflow.cfg** 파일의 [core] 섹션에 정의된 실행기를 사용하여 작업을 실행한다. 다음 섹션에서 실행기에 대해 배울 수 있다.

실행기(Executors)

실행기는 에어플로우가 스케줄러가 실행할 준비가 되었다고 판단한 작업을 실행하는 데 사용한다. 에어플로우가 지원하는 다양한 유형의 실행기가 있다. 기본적으로 SequentialExecutor가 사용되는데, **airflow.cfg** 파일에서 실행기 유형을 변경할 수 있다. 파일의 core 섹션 아래에 이 섹션과 에어플로우 문서에 나열된 실행기 유형 중 하나로 설정할 수 있는 executor 변수가 표시된다. 보다시피 SequentialExecutor는 에어플로우가 처음 설치될 때 설정된다.

```
[core] ........
# The executor class that airflow should use. Choices include
# SequentialExecutor, LocalExecutor, CeleryExecutor, DaskExecutor, KubernetesExecutor
executor = SequentialExecutor
```

기본값이지만 SequentialExecutor는 한 번에 하나의 작업만 실행할 수 있으므로 프로덕션 사용 사례에는 적합하지 않다. 간단한 DAG를 테스트하는 것은 좋지만 그게 전부다. 그러나 SQLite 데이터베이스와 호환되는 유일한 실행 프로그램이므로 에어플로우로 다른 데이터베이스를 구성하지 않은 경우 SequentialExecutor가 유일한 옵션이다.

어떤 규모로든 에어플로우를 사용할 계획이라면 CeleryExecutor, DaskExecutor 또는 KubernetesExecutor와 같은 다른 실행기를 사용하는 것이 좋다. 선택은 자신이 어떤 인프라에 가장 친숙하냐에 따라 달라질 수 있다. 예를 들어 CeleryExecutor를 사용하려면 RabbitMQ, Amazon SQL 또는 Redis를 사용하여 Celery 브로커를 설정해야 한다.

각 실행기에 필요한 인프라를 구성하는 것은 이 책의 범위를 벗어나지만 이 섹션의 예제는 SequentialExecutor에서도 실행된다. 에어플로우 문서[6]에서 에어플로우 실행기에 대해 자세히 알아볼 수 있다.

연산자(Operators)

DAG에서 각 노드는 하나의 작업임을 상기하자. 에어플로우에서 각 작업은 **연산자**를 구현한다. 연산자는 실제로 스크립트, 명령 및 기타 작업을 실행한다. 여러 연산자가 있는데, 다음은 가장 일반적인 것들이다.

---

6 https://docs.aws.amazon.com/vpc/latest/privatelink/vpce-gateway-load-balancer.html

- BashOperator

- PythonOperator

- SimpleHttpOperator

- EmailOperator

- SlackAPIOperator

- MySqlOperator, PostgresOperator, SQL 명령 실행을 위한 기타 데이터베이스별 연산자

- Sensor

다음 섹션에서 배우게 되겠지만, 연산자는 인스턴스화되고 DAG의 각 작업에 할당된다.

에어플로우 DAG 구축

이제 에어플로우의 작동 방식을 알았으니 DAG를 구축할 차례다! 에어플로우는 예제 DAG 모음과 함께 제공되지만 이 책의 앞부분에 있는 몇 가지 예제에 따라 예제 ELT 프로세스의 단계를 수행하는 DAG를 빌드할 것이다. 구체적으로 말하자면, 데이터베이스에서 데이터를 추출하여 데이터 웨어하우스에 로드한 다음 데이터를 데이터 모델로 변환할 것이다.

간단한 DAG

예제 ELT DAG를 구축하기 전에 에어플로우에서 DAG가 어떻게 정의되는지 이해하는 것이 중요하다. DAG는 구조 및 작업 종속성이 파이썬 코드로 작성되는 파이썬 스크립트에 정의된다. 예제 7-1은 세 가지 작업이 있는 간단한 DAG의 정의다. 이것을 DAG **정의 파일**(definition file)이라고 한다. 각 작업은 BashOperator로 정의되며 첫 번째와 세 번째 작업은 일부 텍스트를 인쇄하고 두 번째 작업은 3초 동안 대기한다. 특별히 유용한 무언가를 하는 것은 아니지만 나중에 작성하게 될 DAG 정의를 완벽하게 구현한다.

예제 7-1. simple_dag.py

```
from datetime import timedelta
from airflow import DAG
from airflow.operators.bash_operator \
```

```
    import BashOperator
from airflow.utils.dates import days_ago

dag = DAG(.
    'simple_dag',
    description='A simple DAG',
    schedule_interval=timedelta(days=1),
    start_date = days_ago(1),
)

t1 = BashOperator(
    task_id='print_date',
    bash_command='date',
    dag=dag,
)

t2 = BashOperator(
    task_id='sleep',
    depends_on_past=False,
    bash_command='sleep 3',
    dag=dag,
)

t3 = BashOperator(
    task_id='print_end',
    depends_on_past=False,
    bash_command='echo \'end\'',
    dag=dag,
)

t1>>t2
t2>>t3
```

DAG를 실행하기 전에 DAG 정의 파일의 주요 기능을 살펴보자. 먼저 파이썬 스크립트에서 늘 그렇듯이, 필요한 모듈을 가져온다. 다음으로 DAG 자체가 정의되고 이름(simple_dag), 일정, 시작 날짜 등과 같은 일부 속성이 할당된다. 사실, 이것은 간단한 예제라서 정의하지 않은 속성이 더 많이 있다. 그 속성들은 이 장 후반부나 공식 에어플로우 문서에서 찾아볼 수 있다.

다음으로 DAG에서 세 가지 작업을 정의한다. 모두 BashOperator 유형이다. 즉, 실행될 때 bash 명령이 실행된다. 또한 각 작업에는 task_id라는 영숫자 식별자와 작업이 실행될 때 실행되는 bash 명령을 포함하여 여러 속성이 할당된다. 나중에 보게 되겠지만, BashOperator에 bash_command가 있는 것처럼 각 연산자 유형에는 고유한 사용자 정의 속성이 있다.

DAG 정의의 마지막 두 줄은 작업 간의 종속성을 정의한다. 읽는 방법은 작업 t1이 완료되면 t2가 실행되는 방식이다. t2가 완료되면 t3가 실행된다. 에어플로우 웹 UI에서 DAG를 볼 때 트리 및 그래프 보기 모두에 반영된 것을 볼 수 있다.

DAG를 실행하려면 에어플로우가 DAG를 찾는 위치에 정의 파일을 저장해야 한다. **airflow. cfg** 파일에서 이 위치를 찾거나 수정할 수 있다.

```
dags_folder = /User/myuser/airflow/dags
```

DAG 정의를 **simple_dag.py**라는 파일에 저장하고 **dags_folder** 위치에 배치한다. 에어플로우 웹 UI와 스케줄러가 이미 실행 중인 경우 에어플로우 웹 UI를 새로 고치면 목록에 simple_dag라는 DAG가 표시되어야 한다. 그렇지 않은 경우 몇 초 기다렸다가 다시 시도하거나 웹 서비스를 중지했다가 다시 시작해야 한다.

그런 다음 DAG의 이름을 클릭하여 자세히 본다. DAG의 그래프 보기와 트리 보기, 방금 작성한 코드를 볼 수 있다. 시도해 볼 준비가 되었는가? 이 화면에서 또는 홈 페이지로 돌아가서 그림 7-5와 같이 DAG가 On으로 설정되게 토글한다.

그림 7-5. 활성화된 DAG

코드에서 DAG의 schedule_interval 속성은 timedelta(days=1)로 설정되어 있었다. 즉, DAG는 UTC 자정에 하루에 한 번 실행되게 설정되었다. DAG 옆에 있는 에어플로우 홈페이지와 DAG 세부 정보 페이지에 일정이 반영된 것을 볼 수 있다. 또한 DAG의 start_date 속성은 days_ago(1)로 설정되어 있다. 즉, DAG의 첫 번째 실행은 현재 날짜보다 하루 전에 설정된다. DAG가 On으로 설정되면 첫 번째 예약 실행은 당일 전날 0:00:00 UTC이므로 실행자가 즉시 실행된다.

DAG 시작 및 종료 날짜

이 예에서는 DAG의 start_date를 하루 전으로 설정하여 활성화하자마자 실행이 예약되고 시작되게 했다. DAG가 에어플로우의 프로덕션 배포에서 처음 실행되기를 원하는 미래의 날짜로 하드 코딩하는 것이 더 합리적일 수 있다. 예제에는 없지만 DAG에 대해 end_date를 설정할 수도 있다. 아무것도 지정하지 않으면 DAG가 매일 영구적으로 실행되게 예약된다.

DAG 세부 정보 페이지 또는 상단 메뉴에서 찾아보기를 통해 DAG 실행(DAG Runs)으로 이동하여 DAG 실행 상태를 확인할 수 있다. 여기에서 DAG 실행의 시각적 상태와 DAG의 각 작업을 볼 수 있다. 그림 7–6은 모든 작업이 성공한 simple_dag 예제의 실행을 보여준다. DAG의 최종 상태는 화면 왼쪽 상단 근처에 '성공(Success)'으로 표시된다.

온디맨드 DAG를 실행하려면 DAG 세부 정보 페이지에서 DAG 트리거 버튼을 클릭한다.

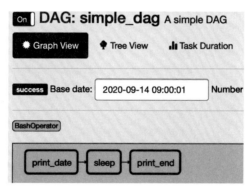

그림 7–6. 에어플로우 DAG의 그래프 보기

ELT 파이프라인 DAG

이제 간단한 DAG를 만드는 방법을 알았으므로 데이터 파이프라인의 추출, 로드 및 변환 단계를 위한 기능적 DAG를 빌드할 수 있다. 이 DAG는 5가지 작업으로 구성된다.

처음 두 작업은 BashOperators를 사용하여 각각 Postgres 데이터베이스 테이블에서 데이터를 추출하고 결과를 CSV 파일로 S3 버킷에 보내는 두 개의 다른 파이썬 스크립트를 실행한다. 여기에서 스크립트에 대한 로직을 다시 만들지는 않겠지만 54페이지의 'PostgreSQL 데이터베이스에서 데이터 추출'에서 해당 내용을 찾을 수 있다. MySQL 데이터베이스, REST API 또는 MongoDB 데이터베이스에서 추출을 원하는 경우 해당 장의 추출 예제를 사용할 수도 있다.

각 작업이 완료되면 S3 버킷에서 데이터 웨어하우스로 데이터를 로드하는 해당 작업이 실행된다. 다시 한 번 각 작업은 BashOperator를 사용하여 CSV를 로드하는 로직이 포함된 파이썬 스크립트를 실행한다. 사용하는 플랫폼에 따라 85페이지의 'Snowflake 데이터 웨어하우스에 데이터 로드' 또는 74페이지의 'Redshift 웨어하우스에 데이터 로드'에서 이에 대한 예제 코드를 찾을 수 있다.

> 💡 **파이썬 코드 실행 옵션**
>
> 이 예에서는 PythonOperator를 사용하는 대신 BashOperator를 사용하여 파이썬 스크립트를 실행한다. 왜일까? PythonOperator로 파이썬 코드를 실행하려면 코드를 DAG 정의 파일에 작성하거나 DAG 정의 파일로 가져와야 한다. 이 예에서도 그렇게 할 수 있겠지만, 여기서는 오케스트레이션과 이 오케스트레이션이 실행하는 프로세스의 로직을 더 많이 분리하고 싶었다. 우선, 그렇게 함으로써 에어플로우와 내가 실행하려는 코드 간에 호환되지 않는 파이썬 라이브러리 버전의 잠재적인 문제를 피할 수 있다. 일반적으로 프로젝트(및 Git 저장소)를 분리하여 데이터 인프라 전반에 걸쳐 로직을 유지 관리하는 것이 더 쉽다. 오케스트레이션과 파이프라인 프로세스 로직도 다르지 않다.

DAG의 마지막 작업에서는 PostgresOperator를 사용하여 데이터 웨어하우스에서 SQL 스크립트(.sql 파일에 저장)를 실행하여 데이터 모델을 생성한다. 6장에서 이 로직을 다루었다. 이 5가지 작업이 모여서 3장에서 처음 소개한 ELT 패턴을 따르는 간단한 파이프라인을 구성한다.

그림 7-7은 DAG의 그래프 보기를 보여준다.

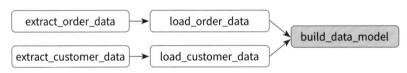

그림 7-7. 예제 ETL DAG의 그래프 보기

예제 7-2는 DAG의 정의를 보여준다. 뒤에서 자세히 살펴보겠지만 잠시 시간을 내어 읽어보자. 에어플로우 **dags** 폴더에 저장해도 되지만 아직 활성화하지는 말자.

예제 7-2. elt_pipeline_sample.py

```python
from datetime import timedelta
from airflow import DAG
from airflow.operators.bash_operator \
    import BashOperator
```

```python
from airflow.operators.postgres_operator \
  import PostgresOperator
from airflow.utils.dates import days_ago

dag = DAG(
    'elt_pipeline_sample',
    description='A sample ELT pipeline',
    schedule_interval=timedelta(days=1),
    start_date = days_ago(1),
)
extract_orders_task = BashOperator(
    task_id='extract_order_data',
    bash_command='python /p/extract_orders.py',
    dag=dag,
)


extract_customers_task = BashOperator(
    task_id='extract_customer_data',
    bash_command='python /p/extract_customers.py',
    dag=dag,
)


load_orders_task = BashOperator(
    task_id='load_order_data',
    bash_command='python /p/load_orders.py',
    dag=dag,
)


load_customers_task = BashOperator(
    task_id='load_customer_data',
    bash_command='python /p/load_customers.py',
    dag=dag,
)


revenue_model_task = PostgresOperator(
    task_id='build_data_model',
    postgres_conn_id='redshift_dw',
    sql='/sql/order_revenue_model.sql',
```

```
    dag=dag,
)

extract_orders_task >> load_orders_task
extract_customers_task >> load_customers_task
load_orders_task >> revenue_model_task
load_customers_task >> revenue_model_task
```

예제 7-1에서 필요한 파이썬 패키지를 가져오고 DAG 객체를 생성했던 것을 기억할 것이다. 이번에는 DAG의 최종 작업에서 PostgresOperator를 사용하기 위해 가져올 패키지가 하나 더 있다. 이 DAG는 이전 예제와 마찬가지로 전날부터 자정에 하루에 한 번 실행되게 예약되어 있다.

마지막 작업은 PostgresOperator를 사용하여 데이터 웨어하우스의 에어플로우와 동일한 시스템의 디렉터리에 저장된 SQL 스크립트를 실행한다. SQL 스크립트의 내용은 6장의 데이터 모델 변환과 비슷할 것이다. 예를 들어 DAG가 Orders 테이블과 Customers 테이블을 추출하고 로드하는 경우 6장의 다음 샘플을 사용한다. 물론 SQL 쿼리를 사용하여 작업 중인 데이터와 일치시킬 수 있다.

```sql
CREATE TABLE IF NOT EXISTS order_summary_daily (
order_date date,
order_country varchar(10),
total_revenue numeric,
order_count int
);

INSERT INTO order_summary_daily
  (order_date, order_country,
  total_revenue, order_count)
SELECT
  o.OrderDate AS order_date,
  c.CustomerCountry AS order_country,
  SUM(o.OrderTotal) AS total_revenue,
  COUNT(o.OrderId) AS order_count
FROM Orders o
INNER JOIN Customers c
  ON c.CustomerId = o.CustomerId
```

```
GROUP BY
  o.OrderDate, c.CustomerCountry;
```

DAG를 활성화하기 전에 한 단계가 더 있다. PostgresOperator에 사용할 연결을 설정하는 것이다. DAG 정의에서 볼 수 있듯이 redshift_dw 값을 가진 post gres_conn_id라는 매개변수가 있다. PostgresOperator가 스크립트를 실행할 수 있도록 에어플로우 웹 UI에서 redshift_dw 연결을 정의해야 한다.

이렇게 하려면 다음 단계를 따른다.

1. 에어플로우 웹 UI를 열고 상단 탐색 모음에서 관리자(Admin) → 연결(Connection)을 선택한다.

2. 만들기(Create) 탭을 클릭한다.

3. Conn ID를 **redshift_dw**(또는 DAG 정의 파일에서 사용하려는 ID)로 설정한다.

4. 연결 유형으로 Postgres를 선택한다.

5. 데이터베이스에 대한 연결 정보를 설정한다.

6. 저장(Save)을 클릭한다.

Amazon Redshift는 Postgres 연결과 호환되며, 이 예제에서는 이 연결 유형을 선택했다. Snowflake와 수십 개의 기타 데이터베이스 및 스파크와 같은 플랫폼에 대한 연결도 찾을 수 있다.

이제 DAG를 활성화할 준비가 되었다. 홈 페이지로 돌아가거나 DAG 세부 정보 페이지를 보고 토글을 클릭하여 DAG를 켜기로 설정할 수 있다. DAG의 일정은 전날부터 매일 밤 자정이므로 실행이 즉시 예약되고 DAG가 실행된다. DAG 세부 정보 페이지에서 또는 상단 메뉴에서 찾아보기(Browse) → DAG 실행(Runs)으로 이동하여 DAG 실행 상태를 확인할 수 있다. 항상 그렇듯이 DAG 세부 정보 페이지에서 DAG 트리거 버튼을 사용하여 DAG의 일회성 실행을 트리거할 수도 있다.

이 예제는 약간 단순화되었지만 ELT 파이프라인의 단계를 통합적으로 보여준다. 더 복잡한 파이프라인에서는 더 많은 작업을 찾을 수 있다. 더 많은 데이터 추출 및 로드 외에도 많은 데이터 모델이 있을 수 있으며 그중 일부는 서로 종속되어 있다. 에어플로우를 사용하면 적절한 순서로 실행되는지 쉽게 확인할 수 있다. 에어플로우의 대부분 프로덕션 배포에서는 서로 또는 일부 외부 시스템 또는 프로세스에 종속될 수 있는 파이프라인용 DAG를 많이 찾을 수 있다. 이러한 문제 관리에 대한 몇 가지 팁은 151페이지의 '고급 오케스트레이션 구성'을 참조하자.

추가 파이프라인 작업

이전 섹션의 예제 ELT 파이프라인의 기능 작업 외에도 프로덕션 품질 파이프라인에는 파이프라인이 완료되거나 실패할 때 슬랙 채널에 알림 보내기, 파이프라인의 다양한 지점에서 데이터 유효성 검사 실행 등의 작업이 요구될 수 있다. 고맙게도 이러한 모든 작업은 에어플로우 DAG에서 처리할 수 있다.

경고 및 알림

에어플로우 웹 UI는 DAG 실행 상태를 확인하기에 좋지만, DAG가 실패하거나 성공한 경우에는 이메일을 받는 것이 더 나은 경우가 많다. 알림을 보내는 데는 여러 가지 옵션이 있다. 예를 들어 DAG가 실패할 때 이메일을 받으려면 정의 파일에서 DAG 개체를 인스턴스화할 때 다음 매개변수를 추가할 수 있다. 특정 작업에 대해서만 알림을 받으려면 DAG 대신 작업에 다음을 추가할 수도 있다.

```
'email': ['me@example.com'],
'email_on_failure': True,
```

에어플로우에서 이메일을 보내기 전에 **airflow.cfg**의 [smtp] 섹션에 SMTP 서버에 대한 세부 정보를 제공해야 한다. 작업에서 EmailOperator를 사용하여 DAG의 어느 지점에서나 이메일을 보낼 수도 있다.

```
email_task = EmailOperator(
        task_id='send_email',
        to="me@example.com",
        subject="Airflow Test Email",
        html_content='some test content',
    )
```

EmailOperator 외에도 슬랙, 마이크로소프트 팀즈 및 기타 플랫폼에 메시지를 보내기 위한 공식 및 커뮤니티 지원 운영자가 있다. 물론 원하는 플랫폼에 메시지를 보내고 BashOperator를 사용하여 실행할 수 있는 파이썬 스크립트를 언제든지 생성할 수 있다.

데이터 유효성 검사

8장에서 데이터 유효성 검사 및 테스트 파이프라인에 대해 자세히 설명하겠지만 데이터 유효성 검사를 실행하기 위해 에어플로우 DAG에 작업을 추가하는 것이 좋다. 이 장에서 배울 데이터 유효성 검사는 SQL 또는 파이썬 스크립트에서 구현하거나 다른 외부 응용 프로그램을 호출하여 구현할 수 있다. 이제 에어플로우가 이 모든 것을 처리할 수 있다는 것을 알게 되었다!

고급 오케스트레이션 구성

이전 섹션에서는 ELT 패턴을 따르는 전체 종단 간 데이터 파이프라인을 실행하는 간단한 DAG를 소개했다. 이 섹션에서는 더 복잡한 파이프라인을 구축하거나 공유 종속성 또는 다른 일정으로 여러 파이프라인을 조정해야 할 때 직면할 수 있는 몇 가지 문제를 소개한다.

결합된 파이프라인 작업 대 결합되지 않은 파이프라인 작업

지금까지의 예에서는 데이터 파이프라인의 모든 단계(작업)가 깔끔하게 연결된 것처럼 보일 수 있지만 항상 그런 것은 아니다. 스트리밍 데이터 수집을 생각해보라. 예를 들어, 카프카가 Snowpipe를 사용하여 Snowflake 데이터 웨어하우스에 지속적으로 로드되는 S3 버킷으로 데이터를 스트리밍하는 데 사용된다고 가정해보자(4장 및 5장 참조).

이 경우 데이터는 지속적으로 데이터 웨어하우스로 흐르지만 데이터를 변환하는 단계는 여전히 30분마다와 같이 설정된 간격으로 실행되도록 예약된다. 예제 7-2의 DAG와 달리 데이터 수집의 특정 실행은 데이터를 데이터 모델로 변환하는 작업에 직접 종속되어 있지 않다. 이러한 상황에서 작업은 DAG의 **결합된** 작업과 달리 **결합되지 않은** 작업으로 본다.

이러한 현실을 감안할 때 데이터 엔지니어는 파이프라인을 조정하는 방법에 대해 신중해야 한다. 엄격한 규칙은 없지만 분리된 작업을 관리하려면 파이프라인 전반에 걸쳐 일관되고 탄력적인 결정을 내려야 한다. 스트리밍 데이터 수집 및 예약된 변환 단계의 예에서 변환 논리는 두 개의 다른 소스(예: Orders 및 Customers 테이블)의 데이터가 새로 고침 상태가 약간 다를 수 있음을 고려해야 한다. 변환 논리는 예를 들어 해당 Customer 레코드가 없는 Order 레코드가 있는 경우를 고려해야 한다.

DAG를 분할해야 하는 경우

파이프라인 설계의 주요 결정 사항은 DAG에서 함께 속하는 작업을 결정하는 것이다. 데이터 인프라에서 모든 추출, 로드, 변환, 유효성 검사 및 경고 작업이 포함된 DAG를 만드는 것이 가능하지만 매우 복잡해지기도 한다.

작업을 여러 DAG로 분할해야 하는 시점과 단일 DAG에 유지해야 하는 시점을 결정하는 세 가지 요소는 다음과 같다.

작업을 다른 일정으로 실행해야 하는 경우 여러 DAGS로 나눈다.
일부는 매일 실행해야 하고 일부는 30분마다 실행해야 하는 경우 두 DAG로 분할해야 한다. 그렇지 않으면 일부 작업을 하루에 47번 더 실행하는 데 시간과 자원을 낭비하게 된다. 컴퓨팅 비용이 종종 실제 사용량을 기반으로 하는 세상에서는 큰 문제가 된다.

파이프라인이 진정으로 독립적인 경우 별도로 유지한다.
파이프라인의 작업이 서로에게만 관련이 있는 경우 단일 DAG에 보관한다. 예제 7-2로 돌아가서 Orders 및 Customer 테이블 수집이 해당 DAG의 데이터 모델에서만 사용되고 다른 작업이 데이터 모델에 의존하지 않는다면 DAG가 자체적으로 유지되는 것이 합리적이다.

DAG가 너무 복잡해지면 논리적으로 분리할 수 있는지 여부를 결정한다.
이것은 다소 주관적이지만 수백 개의 작업이 있는 DAG의 그래프 보기와 거미줄처럼 꼬여 있는 종속성 화살표를 보고 있는 자신을 발견했다면 DAG를 분해하는 방법을 고려할 때다. 그렇지 않으면 향후 유지 관리가 어려울 수 있다.

종속성을 공유할 수 있는 여러 DAG(예: 데이터 수집)를 처리하는 것이 골치 아파 보일 수 있지만 종종 필요하다. 다음 섹션에서는 에어플로우에서 교차 DAG 종속성을 구현하는 방법에 대해 설명한다.

센서로 여러 DAG 조정

DAG 간의 공유 종속성에 대한 필요성을 감안할 때 에어플로우 작업은 Sensor라고 하는 특별한 유형의 연산자를 구현할 수 있다. 에어플로우 Sensor는 일부 외부 작업 또는 프로세스의 상태를 확인한 다음 확인 기준이 충족되면 DAG에서 다운스트림 종속성을 계속 실행하도록 설계되었다.

두 개의 서로 다른 에어플로우 DAG를 조정해야 하는 경우 ExternalTaskSensor를 사용하여 다른 DAG의 작업 상태 또는 다른 DAG의 전체 상태를 확인할 수 있다. 예제 7-3은 두 개의 작업이 있는 DAG를 정의한다. 첫 번째는 ExternalTaskSensor를 사용하여 이 장의 이전 섹션에서 elt_pipe line_sample DAG의 상태를 확인한다. 해당 DAG가 완료되면 센서가 '성공(success)'으로 표시되고 두 번째 작업("task1")이 실행된다.

예제 7-3. sensor_test.py

```python
from datetime import datetime
from airflow import DAG
from airflow.operators.dummy_operator \
  import DummyOperator
from airflow.sensors.external_task_sensor \
  import ExternalTaskSensor
from datetime import timedelta
from airflow.utils.dates import days_ago

dag = DAG(
        'sensor_test',
        description='DAG with a sensor',
        schedule_interval=timedelta(days=1),
        start_date = days_ago(1))

sensor1 = ExternalTaskSensor(
        task_id='dag_sensor',
        external_dag_id = 'elt_pipeline_sample',
        external_task_id = None,
        dag=dag,
        mode = 'reschedule',
        timeout = 2500)
```

```
task1 = DummyOperator(
            task_id='dummy_task',
            retries=1,
            dag=dag)


sensor1 >> task1
```

그림 7-8은 DAG의 그래프 보기를 보여준다.

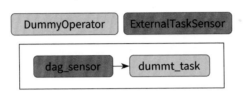

그림 7-8. 예제 ETL DAG의 그래프 보기

이 DAG는 활성화되면 먼저 dag_sensor 작업을 시작한다. 속성을 살펴보자.

- external_dag_id는 센서가 모니터링할 DAG의 ID다. 이 경우 elt_pipeline_sample DAG이다.

- 이 경우 external_task_id 속성은 None으로 설정되는데, 그러면 센서는 전체 elt_pipeline_sample DAG가 성공적으로 완료될 때까지 기다린다. 혹은 이 값을 elt_pipeline_sample DAG의 특정 task_id로 설정하면 해당 task_id가 성공적으로 완료되자마자 sensor1이 완료되고 dummy_task를 시작한다.

- 모드(mode) 속성이 일정 변경(reschedule)으로 설정된다. 기본적으로 센서는 포크(poke) 모드로 실행된다. 이 모드에서 센서는 외부 작업을 확인하기 위해 '포킹'하는 동안 작업자 슬롯을 차단한다. 사용 중인 실행기의 종류와 실행 중인 작업 수에 따라 이는 이상적이지 않을 수도 있다. 일정 조정 모드에서 작업자 슬롯은 작업 일정을 조정하여 릴리즈되고 다시 실행되도록 설정될 때까지 작업자 슬롯을 열어 둔다.

- timeout 파라미터는 ExternalTaskSensor가 시간 초과되기 전에 외부 종속성을 계속 확인하는 시간(초)으로 설정된다. 여기에 적절한 시간 제한을 설정하는 것이 좋다. 그렇지 않으면 DAG가 계속해서 영구적으로 실행된다.

명심해야 할 한 가지는 DAG가 특정 일정에 따라 실행되므로 센서가 특정 DAG 실행을 확인해야 한다는 것이다. 기본적으로 ExternalTaskSensor는 자신이 속한 DAG의 현재 일정과 함께 external_dag_id의 실행을 확인한다. elt_pipeline_sample 및 sensor_test DAG는 모두 하루에 한 번 자정에 실행되므로 기본값을 사용하는 것이 좋다. 그러나 두 DAG가 서로 다른 일정으로 실행되는 경우 센서가 확인해야 하는 elt_pipeline_sample의 실행을 지정하는 것이 가장 좋다. ExternalTaskSensor의 execution_delta 또는 execution_date_fn 파라미터를 사용하여 이를 수행할 수 있다. execution_date_fn 파라미터는 DAG 실행의 특정 날짜 시간을 정의하는데, 저자는 execution_delta가 더 유용하다고 생각한다.

execution_delta 매개변수를 사용하여 DAG의 특정 실행을 되돌아볼 수 있다. 예를 들어 30분마다 예약된 DAG의 최근 실행을 보려면 다음과 같이 정의된 작업을 생성한다.

```python
sen1 = ExternalTaskSensor(
        task_id='dag_sensor',
        external_dag_id = 'elt_pipeline_sample',
        external_task_id = None,
        dag=dag,
        mode = 'reschedule',
        timeout = 2500,
        execution_delta=timedelta (minutes=30))
```

관리형 에어플로우 옵션

간단한 에어플로우 인스턴스를 설치하는 것은 매우 쉽지만 프로덕션 규모에서는 훨씬 더 어렵다. 대규모 병렬 작업을 처리하기 위해 더 복잡한 실행기를 처리하고, 인스턴스를 최신 상태로 유지하고, 기본 리소스를 확장하는 것은 데이터 엔지니어가 모두 수행하기에는 시간이 모자란다.

다른 많은 오픈 소스 도구와 마찬가지로 에어플로우에도 완전 관리형으로 제공되는 몇 가지 솔루션이 있다. 가장 잘 알려진 두 가지는 구글 클라우드의 Cloud Composer[7]와 Astronomer[8]다. 자체 서버에서 에어플로우를 실행하는 것보다 훨씬 더 많은 월별 요금이 발생하지만 에어플로우의 관리 편의성이 높아진다.

---

7 https://cloud.google.com/composer/

8 https://www.astronomer.io/

이 책의 일부 빌드 대 구매(build versus buy) 결정과 마찬가지로 에어플로우를 직접 호스팅하는 것과 관리형 솔루션을 선택하는 것은 특정 상황에 따라 달라진다.

- 자체 호스팅을 도와줄 수 있는 시스템 운영 팀이 있는가?

- 관리형 서비스에 지출할 예산이 있는가?

- 얼마나 많은 DAG와 작업이 파이프라인에 있는가? 더 복잡한 에어플로우 실행기가 필요할 만큼 충분히 높은 규모로 실행하고 있는가?

- 보안 및 개인 정보 보호 요구 사항은 무엇인가? 외부 서비스가 내부 데이터 및 시스템에 연결하는 것을 허용하는가?

기타 오케스트레이션 프레임워크

이 장은 에어플로우에 초점을 맞추고 있지만, 이것이 유일한 선택지는 아니다. Luigi[9] 및 Dagster[10]와 같은 다른 훌륭한 오케스트레이션 프레임워크가 있다. 머신러닝 파이프라인 오케스트레이션에 맞춰진 Kubeflow Pipelines[11]도 ML 커뮤니티에서 인기가 있다.

데이터 모델에 대한 변환 단계의 오케스트레이션과 관련하여 피시타운 애널리틱스(Fishtown Analytics)의 dbt[12]는 탁월한 옵션이다. 에어플로우와 마찬가지로 파이썬으로 빌드된 오픈 소스 제품이므로 비용 없이 자체적으로 실행하거나 **dbt Cloud**라는 관리형 버전을 비용을 지불하고 사용할 수도 있다. 일부 조직에서는 데이터 수집을 위해 에어플로우 또는 다른 일반 오케스트레이터를 사용하고 스파크 작업과 같은 작업을 실행하지만 데이터 모델 변환에는 dbt를 사용한다. 이러한 경우 dbt 작업 실행은 에어플로우 DAG의 작업에 의해 트리거되며 dbt는 자체적으로 데이터 모델 간의 종속성을 처리한다. dbt를 사용하는 몇 가지 예는 9장에서 소개한다.

---

9 https://luigi.readthedocs.io/en/stable/
10 https://docs.dagster.io/
11 https://www.kubeflow.org/
12 https://www.getdbt.com/

파이프라인의
데이터 검증

아무리 잘 설계된 데이터 파이프라인이라도 반드시 문제가 발생하기 마련이다. 프로세스, 오케스트레이션 및 인프라를 잘 설계하면 많은 문제를 방지하거나 최소한 완화할 수 있다. 그러나 데이터 자체의 품질과 유효성을 보장하기 위해서는 데이터 검증에 투자해야 한다. 테스트되지 않은 데이터는 분석에 사용하기에 안전하지 않다고 가정하는 것이 가장 좋다. 이 장에서는 ELT 파이프라인의 단계 전반에 걸쳐 데이터 검증의 원칙을 설명한다.

일찍 그리고 자주 검증할 것

의도적이기는 하지만 일부 데이터 팀은 데이터 검증을 파이프라인의 끝에 남겨두고 변환 중에 또는 모든 변환이 완료된 후에도 일종의 데이터 검증을 구현한다. 이 설계에서는 데이터 분석가(일반적으로 변환 로직을 소유하고 있는 사람)가 데이터를 이해하고 품질 문제가 있는지 확인하는 데 가장 적합하다는 생각으로 작업한다.

이러한 설계에서 데이터 엔지니어는 한 시스템에서 다른 시스템으로 데이터를 이동하고 파이프라인을 조정하며 데이터 인프라를 유지관리하는 데 초점을 맞춘다. 데이터 엔지니어의 역할이기는 하지만, 파이프라인의 각 단계를 통해 흐르는 데이터의 내용은 무시하고, 수집하는 소스 시스템의 소유자와 자체 수집 프로세스 및 데이터를 변환하는 분석가를 신뢰한다. 이러한 책임 분리가 효율적이지만 품질 문제가 발견되면 낮은 데이터 품질과 비효율적인 디버깅 프로세스로 끝날 가능성이 높다.

파이프라인 끝에서 데이터 품질 문제를 찾아 처음부터 다시 추적해야 하는 것은 최악의 시나리오다. 파이프라인의 각 단계에서 데이터를 검증하면 이전 단계가 아닌 현재 단계에서 근본 원인을 찾을 수 있다.

데이터 엔지니어가 모든 데이터세트에 대해 검증을 수행할 수 있는 충분한 컨텍스트를 갖고 있을 거라고 기대할 수는 없지만, 비 컨텍스트 검증 검사를 작성하고 파이프라인의 각 단계에 팀 구성원 및 이해 관계자들이 보다 구체적인 검증을 수행할 수 있도록 인프라 및 템플릿을 제공하여 주도권을 잡을 수는 있다.

소스 시스템 데이터 품질

일반적인 데이터 웨어하우스에 수집되는 소스 시스템의 수를 고려할 때 데이터 수집 중에 잘못된 데이터가 데이터 웨어하우스로 유입될 가능성이 높다. 소스 시스템 소유자가 데이터를 수집하기 전에 다행스럽게 잘못된 데이터를 발견한 것처럼 보일 수 있지만, 다음과 같은 여러 가지 이유로 그렇지 않은 경우가 많다.

잘못된 데이터는 소스 시스템의 작동 자체에는 영향을 미치지 않을 수 있다.

소스 시스템 애플리케이션의 로직으로 애플리케이션 계층에서 중복 제거하여 테이블의 중복/모호한 레코드와 같은 문제를 해결하거나 응용 프로그램 자체의 기본값으로 NULL 날짜 값을 채울 수 있다.

레코드의 연결이 끊어져도 소스 시스템이 정상적으로 작동할 수 있다.

예를 들어 고객 레코드는 삭제되더라도 고객 관련 주문 레코드는 남아 있을 수 있다. 애플리케이션에서는 이러한 주문 기록을 무시할 수도 있지만, 이 상황은 데이터 분석에 영향을 미칠 것이 분명하다.

아직 발견되지 않았거나 수정되지 않은 버그가 소스 시스템에 실제로 있을 수 있다.

지금까지 데이터 팀에서 소스 시스템의 중요한 문제를 식별한 사례를 여러 번 접했다!

 결론적으로 데이터 엔지니어는 웨어하우스에 로드된 데이터가 소스와 완벽하게 일치하더라도 수집 중인 데이터에 품질 문제가 없다고 가정해서는 안 된다.

데이터 수집 위험

소스 시스템의 품질 문제 외에도 데이터 수집 프로세스 자체가 데이터 품질 문제를 야기할 가능성이 있다. 다음은 몇 가지 일반적인 예다.

수집 중 추출 또는 로드 단계에서 시스템 중단 또는 시간 초과

때로는 이러한 상황이 심각한 오류를 발생시키고 파이프라인을 중단시키지만, 다른 경우에는 '조용한' 장애로 인해 데이터세트가 부분적으로 추출되거나 로드된다.

증분 수집의 논리적 오류

4장과 5장에서의 증분 추출물에 대한 패턴을 생각해보자. 데이터 웨어하우스의 테이블에서 가장 최근 레코드의 타임스탬프를 읽고 소스 시스템에 더 최근 타임스탬프가 있는 레코드를 추출하여 웨어하우스로 로드한다. SQL 문에 '보다 큼'이 아니라 '보다 큼 또는 같음' 연산자를 사용하는 것처럼 간단한 논리적 오류는 중복 레코드를 가져올 수 있다. 그 밖에도 여러 시스템에 걸친 표준 시간대의 불일치와 같은 수많은 가능성이 존재한다.

추출된 파일의 구문 분석(parsing) 문제

4장과 5장에서 살펴본 바와 같이, 원본 시스템에서 데이터를 추출하여 CSV와 같은 플랫 파일에 저장한 다음 해당 파일에서 데이터 웨어하우스로 로드하는 것이 일반적이다. 데이터가 소스 시스템에서 플랫 파일로 변환될 때 예기치 않은 특수 문자나 기타 문자 인코딩이 포함된 경우가 있다. 데이터 엔지니어와 데이터 웨어하우스 로드 메커니즘의 처리 방식에 따라 레코드가 폐기되거나 새로 로드된 레코드에 포함된 데이터의 형식이 잘못될 수 있다.

 Note 소스 시스템이 유효한 데이터를 제공한다는 가정처럼, 데이터 수집이 데이터를 '단순히' 추출하고 로드한다는 가정은 잘못된 가정이다.

데이터 분석가 검증 활성화

데이터 웨어하우스에 로드된 데이터와 데이터 모델로 변환된 데이터를 검증할 때 일반적으로 데이터 분석가가 자체 데이터 검증에 필요한 부분들을 가장 잘 갖추고 있다. 이들은 각 데이터 모델뿐만 아니라 원본 데이터의 비즈니스 컨텍스트를 이해하는 사람들이다(6장 참조). 그러나 분석가에게 데이터 파이프라인 전반에 걸쳐 데이터 검증을 정의하고 실행하는 데 필요한 툴을 제공하는 것은 데이터 엔지니어에게 달려 있다. 또한 행 개수 및 중복 레코드 파악과 같이 문맥상의 내용 검증이 적은 경우에는 데이터 엔지니어가 파이프라인 초기에 검증에 참여해야 한다.

다음 섹션에서는 분석가와 데이터 엔지니어가 파이프라인에서 데이터 검증을 구현하는 데 사용할 수 있는 단순화된 프레임워크를 소개한다. 마지막 섹션에서는 동일한 목적으로 사용할 수 있는 몇 가지 오픈 소스 및 상업적 프레임워크에 대해 설명한다. 어떤 도구를 선택하든 엔지니어와 분석가가 최대한 마찰을 줄이면서 검증 테스트를 안정적으로 작성하고 실행할 수 있게 하는 것이 중요하다. 데이터 팀의 모든 사람이 데이터의 검증이 중요하다는 데 동의하겠지만, 검증을 구현해야 하는 기준이 너무 높다면 새롭게 개발하거나 다른 우선 순위에 밀려날 것이다.

간단한 검증 프레임워크

이 섹션에서는 파이썬으로 작성되고 SQL 기반 데이터 검증을 실행하도록 설계된 데이터 검증 프레임워크를 정의한다. 이 책에 나와 있는 다른 샘플과 마찬가지로 매우 단순하지만 프로덕션 환경에서 기대할 수 있는 많은 기능은 부족하다. 즉, 모든 데이터 검증 요구사항을 처리하기 위한 것은 아니다. 그러나 우리의 목표는 이러한 프레임워크의 주요 개념을 소개하는 동시에 인프라에 맞게 확장 및 개선할 수 있는 내용을 공유하는 것이다.

이 간단한 버전의 프레임워크는 검증 테스트에서 어떤 종류의 결과를 확인할 수 있는지, 어떻게 대량으로 테스트를 실행할 수 있는지에 대해서는 제한된 기능을 지원하지만 그 이상은 지원하지 않는다. 프레임워크를 시작 지점으로 사용하려는 경우 이 섹션의 뒷부분에서 프레임워크를 확장할 수 있는 몇 가지 추가 사항에 대해 설명한다. 상용 프레임워크를 사용하기로 선택했더라도 이러한 매우 단순화된 접근 방식과 관련된 개념을 이해하는 것이 중요하다고 생각한다.

유효성 검사기 프레임워크 코드

이 프레임워크의 일반적인 개념은 한 쌍의 SQL 스크립트를 실행하고 비교 연산자를 기반으로 둘을 비교하는 파이썬 스크립트다. 각 스크립트와 결과의 조합은 **검증 테스트**로 간주되며, 실행된 스크립트의 결과가 예상 결과와 어떻게 비교되는지에 따라 테스트를 통과하거나 실패하게 된다. 예를 들어, 한 스크립트는 주어진 날짜 동안의 테이블의 행 수를 세고, 두 번째 스크립트는 전날의 행 수를 세며, >= 확인의 비교 연산자는 현재 날짜가 이전 날짜보다 더 많은 행을 가지고 있는지 확인할 수 있다. 그렇다면 통과하고, 그렇지 않으면 실패한다.

SQL 스크립트 중 하나는 정수와 같은 정적 값을 반환할 수도 있다. 174페이지의 '검증 테스트 예제'에서 볼 수 있듯이, 이 접근법은 테이블에서 중복된 행을 확인하는 데 사용된다. 이 프레임 워크는 간단하지만 광범위한 검증 논리를 처리할 수 있다.

명령줄의 인수를 사용하여 유효성 검사기에게 특정 스크립트 쌍과 비교할 연산자를 실행하도록 지시할 수 있다. 그런 다음 통과/실패 코드를 실행하고 반환한다. 반환 값은 이 섹션의 뒷부분에 나와 있는 것처럼 에어플로우 DAG에서 다양한 작업을 트리거하는 데 사용하거나 유효성 검사 기를 실행하는 다른 프로세스에서 사용할 수 있다.

예제 8-1은 유효성 검사기에 대한 코드를 보여준다. 이 버전은 Psycopg2 파이썬 라이브러리를 사용하여 Amazon Redshift 데이터 웨어하우스에 대한 테스트를 실행하도록 설정되어 있다. 또 한 4장과 5장의 동일한 **pipeline.conf** 구성 파일을 사용하여 웨어하우스에 대한 자격증명에 액세스한다. 이 스크립트를 쉽게 수정해서 5장의 예제에 따라 Snowflake 데이터 웨어하우스 또 는 선택한 다른 웨어하우스에 액세스할 수 있다. 유일한 차이점은 쿼리를 연결하고 실행하는 데 사용하는 라이브러리다. 또한 파이썬 환경이 올바르게 설정되어 있고 가상 환경이 활성화되었는 지 확인해야 한다. 자세한 정보는 29페이지의 '파이썬 환경 설정'을 참조한다.

예제 8-1. validator.py

```
import sys
import psycopg2
import configparser
def connect_to_warehouse():
    # conf 파일에서 db connection 파라미터 정보를 가져옴
    parser = configparser.ConfigParser()
    parser.read("pipeline.conf")
    dbname = parser.get("aws_creds", "database")
    user = parser.get("aws_creds", "username")
    password = parser.get("aws_creds", "password")
    host = parser.get("aws_creds", "host")
    port = parser.get("aws_creds", "port")

    rs_conn = psycopg2.connect(
        "dbname=" + dbname
        + " user=" + user
        + " password=" + password
```

```
                + " host=" + host
                + " port=" + port)

        return rs_conn

# 두 개의 스크립트로 구성된 테스트 실행
# 그리고 비교 연산
# 테스트 통과/실패에 대해 true/false 반환
def execute_test(
        db_conn,
        script_1,
        script_2,
        comp_operator):

    # 첫 번째 스크립트 실행하고 결과 저장
    cursor = db_conn.cursor()
    sql_file = open(script_1, 'r')
    cursor.execute(sql_file.read())

    record = cursor.fetchone()
    result_1 = record[0]
    db_conn.commit()
    cursor.close()

    # 두 번째 스크립트 실행하고 결과 저장
    cursor = db_conn.cursor()
    sql_file = open(script_2, 'r')
    cursor.execute(sql_file.read())
    record = cursor.fetchone()
    result_2 = record[0]
    db_conn.commit()
    cursor.close()

    print("result 1 = " + str(result_1))
    print("result 2 = " + str(result_2))

    # comp_operator를 통해 값을 비교
    if comp_operator == "equals":
```

```python
        return result_1 == result_2
    elif comp_operator == "greater_equals":
        return result_1 >= result_2
    elif comp_operator == "greater":
        return result_1 > result_2
    elif comp_operator == "less_equals":
        return result_1 <= result_2
    elif comp_operator == "less":
        return result_1 < result_2
    elif comp_operator == "not_equal":
        return result_1 != result_2

    # 여기로 왔다면 무엇인가 잘못 됐음을 반환
    return False

if __name__ == "__main__":

    if len(sys.argv) == 2 and sys.argv[1] == "-h":
        print("Usage: python validator.py"
          + "script1.sql script2.sql "
          + "comparison_operator")
        print("Valid comparison_operator values:")
        print("equals")
        print("greater_equals")
        print("greater")
        print("less_equals")
        print("less")
        print("not_equal")
        exit(0)

    if len(sys.argv) != 4:
        print("Usage: python validator.py"
          + "script1.sql script2.sql "
          + "comparison_operator")
        exit(-1)

    script_1 = sys.argv[1]
    script_2 = sys.argv[2]
```

```python
comp_operator = sys.argv[3]

# 데이터 웨어하우스에 연결
db_conn = connect_to_warehouse()

# 검증 테스트 실행
test_result = execute_test(
                db_conn,
                script_1,
                script_2,
                comp_operator)

print("Result of test: " + str(test_result))

if test_result == True:
    exit(0)
else:
    exit(-1)
```

뒤에서 이 프레임워크가 실행하도록 설계된 데이터 검증 테스트 구조와 커맨드 라인 및 에어플로우 DAG에서 테스트를 실행하는 방법을 설명한다. 다음 섹션에서는 일반적인 유형의 테스트를 기반으로 몇 가지 검증 테스트 예제를 공유하겠다.

검증 테스트의 구조

앞에서 간략하게 설명한 바와 같이, 이 프레임워크의 검증 테스트는 세 가지로 구성된다.

- 단일 숫자 값을 생성하는 스크립트를 실행하는 SQL 파일
- 단일 숫자 값을 생성하는 스크립트를 실행하는 두 번째 SQL 파일
- SQL 스크립트에서 반환된 두 값을 비교하는 데 사용되는 '비교 연산자'

두 테이블의 행 수가 동일한지 확인하는 간단한 예를 살펴보겠다. 예제 8-2에서 SQL 스크립트는 Orders라는 테이블의 행 수를 세고, 예제 8-3에서 SQL 스크립트는 Orders_Full이라는 다른 테이블에서 동일한 수를 가져온다.

예제 8-2. order_count.sql

```sql
SELECT COUNT(*)
FROM Orders;
```

예제 8-3. order_full_count.sql

```sql
SELECT COUNT(*)
FROM Orders_Full;
```

다음 SQL을 사용하여 8장의 전체 예제에서 사용되는 Orders와 Orders_Full 테이블을 생성하고 채울 수 있다.

```sql
CREATE TABLE Orders (
  OrderId int,
  OrderStatus varchar(30),
  OrderDate timestamp,
  CustomerId int,
  OrderTotal numeric
);

INSERT INTO Orders
  VALUES(1,'Shipped','2020-06-09',100,50.05);
INSERT INTO Orders
  VALUES(2,'Shipped','2020-07-11',101,57.45);
INSERT INTO Orders
  VALUES(3,'Shipped','2020-07-12',102,135.99);
INSERT INTO Orders
  VALUES(4,'Shipped','2020-07-12',100,43.00);

CREATE TABLE Orders_Full (
  OrderId int,
  OrderStatus varchar(30),
  OrderDate timestamp,
  CustomerId int,
  OrderTotal numeric
);

INSERT INTO Orders_Full
```

```
    VALUES(1,'Shipped','2020-06-09',100,50.05);
 INSERT INTO Orders_Full
    VALUES(2,'Shipped','2020-07-11',101,57.45);
 INSERT INTO Orders_Full
    VALUES(3,'Shipped','2020-07-12',102,135.99);
 INSERT INTO Orders_Full
    VALUES(4,'Shipped','2020-07-12',100,43.00);
```

검증 테스트의 마지막 부분은 두 값을 비교하는 데 사용되는 비교 연산자다. 예제 8-1의 코드 예제에서 비교 연산자에 사용할 수 있는 옵션을 볼 수 있지만 여기에는 참조용으로 사용할 수 있는 관련 논리 기호들을 제공한다.

- equals

- greater_equals

- greater

- less_equals

- less

- not_equal

다음으로 테스트를 실행하고 결과를 이해하는 방법을 살펴보겠다.

검증 테스트 실행

이전 섹션의 데이터 검증 테스트 예제를 사용하여 다음과 같이 명령줄에서 테스트를 실행할 수 있다.

```
$ python validator.py order_count.sql
order_full_count.sql equals
```

Orders 및 Orders_Full 테이블의 행 개수가 모두 동일한 경우 출력은 다음과 같다.

```
result 1 = 15368
result 2 = 15368
Result of test: True
```

명령줄에 표시되지 않는 것은 **종료 상태 코드**다. 이 경우 0이지만 테스트 실패의 경우 −1이 된다. 이 값은 프로그래밍 방식으로 사용할 수 있다. 다음 절에서는 에어플로우 DAG에서 이 작업을 수행하는 방법을 보여준다. 테스트가 실패할 때 슬랙(Slack) 메시지나 이메일을 보내는 것과 같은 작업을 하는 것도 고려해 볼 수 있다. 나중에 169페이지의 '프레임워크의 확장'에서 몇 가지 옵션에 대해 설명하겠다.

에어플로우 DAG에서의 사용

7장에서 배웠듯이, 에어플로우 작업은 BashOperator를 사용하여 파이썬 스크립트를 실행할 수 있다. 예제 7−2의 elt_pipeline_sample DAG를 생각해보자. Orders 테이블이 수집된 후(추출 및 로드 작업이 모두 수행된 후) 방금 공유한 데이터 검증 테스트 예제를 실행하여 Orders_Full이라는 가상 테이블에 대해 Orders 테이블의 행 수와 비교하여 확인하는 다른 작업을 추가한다. 이 예제의 경우 어떤 이유로 Orders의 행 수가 Orders_Full 행 수와 동일한지 확인하고 그렇지 않은 경우 작업에 실패하고 DAG에서 다운스트림 작업의 추가 실행을 중지한다고 가정한다.

먼저 다음 작업을 elt_pipeline_sample.py DAG 정의에 추가한다.

```
check_order_rowcount_task = BashOperator(
    task_id='check_order_rowcount',
    bash_command='set -e; python validator.py' +
    'order_count.sql order_full_count.sql equals',
    dag=dag,
)
```

그런 다음, 동일한 파일에 있는 DAG의 종속성 순서를 다음 코드로 재정의한다. 이렇게 하면 load_orders_task 후에 데이터 검증 작업이 실행되며, 두 검증 검사가 모두 완료(및 통과)되고 load_customers_task 또한 성공적으로 완료되면 revenue_model_task가 실행된다.

```
extract_orders_task >> load_orders_task
extract_customers_task >> load_customers_task
load_orders_task >> check_order_rowcount_task
check_order_rowcount_task >> revenue_model_task
load_customers_task >> revenue_model_task
```

그림 8-1은 DAG의 업데이트된 그래프를 보여준다.

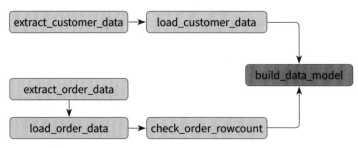

그림 8-1. 검증 테스트가 포함된 샘플 ELT DAG의 그래프 보기

check_order_rowcount_task가 실행되면 작업 정의에 따라 다음 Bash 명령이 실행된다.

```
set -e; python validator.py order_count.sql
order_full_count.sql equals
```

이 섹션 앞부분의 명령줄 인수를 사용하여 유효성 검사기의 실행을 인식할 수 있다. 새로운 점은 명령의 앞에 있는 set -e;이다. 이렇게 하면 Bash가 0이 아닌 종료 상태 코드로 정의된 오류에 대해 스크립트 실행을 중지하도록 지시한다. 기억하겠지만 검증 테스트가 실패하면 -1의 종료 상태를 반환한다. 이 경우 에어플로우 작업이 실패하고 다운스트림 작업이 실행되지 않는다(이 경우 revenue_model_task).

데이터 검증 테스트가 실패할 때 DAG의 추가 실행을 항상 중지할 필요는 없다. 이 경우 에어플로우 작업에 설정된 Bash 명령의 set -e 부분을 포함하거나 경고 및 하드 오류를 다르게 처리하도록 검사기를 수정해서는 안 된다. 다음으로, 언제 그렇게 해야 하는지, 어떤 알림을 보내야 하는지에 대해 논의해보겠다.

파이프라인을 중단해야 할 때와 경고하고 계속해야 할 때

이전 예에서와 같이 데이터 검증 테스트가 실패할 때 파이프라인을 중단해야 할 때가 있다. 이 예에서 Orders 테이블의 레코드 수가 잘못된 경우, 최종 작업에서 데이터 모델을 새로 고치면 비즈니스 사용자가 잘못된 판매 수치를 볼 수 있다. 이처럼 데이터의 오류가 일어나서는 안 되는 중요한 경우, 문제를 해결할 수 있게 DAG를 중지하는 것이 올바른 접근법이다. 그렇게 해도 데이터 모델에는 이전에 성공적으로 실행된 DAG의 데이터가 그대로 남아 있다. 일반적으로 오래된 데이터가 잘못된 데이터보다 더 좋다!

그러나 검증 테스트의 실패가 덜 심각하고 오히려 더 많은 정보를 제공하는 경우도 있다. 예를 들어, 테이블에서 주문 건수는 하루 전날보다 3%나 증가한 반면, 지난 30일 동안의 일일 평균 증가율은 1%였다. 다음 섹션에서 보여주듯이 기본적인 통계 테스트를 통해 이러한 증가를 볼 수 있다. 이것을 데이터 오류라고 생각하고 파이프라인을 중단시켜야 할까? 대답은 상황과 리스크에 대한 개인의 선호도에 따라 다르겠지만, 답을 얻기 위해 여러 번의 테스트를 수행해볼 수 있다.

예를 들어, Orders 테이블에서 중복된 행을 확인하기 위해 테스트를 실행했는데 통과된 경우 데이터의 중복이 문제가 아니라는 것을 알 수 있다. 아마 그 회사는 프로모션 때문에 엄청난 매출을 올렸을 수 있다. 계절성을 고려하여 테스트를 조정할 수도 있다. 지금은 휴가철이고 어제가 블랙 프라이데이였다면, 레코드의 증가율을 지난 30일과 비교하는 대신, 연도별 성장률에 대한 추가 요인이 있거나 없는 전년도의 같은 시기와 비교해야 한다.

결국 오류를 발생시키고 파이프라인을 중지할지 또는 슬랙 채널에 경고를 보낼지에 대한 결정은 비즈니스 상황과 데이터 사용 사례를 기반으로 이루어져야 한다. 그러나 그러기 위해서는 데이터 엔지니어와 분석가 모두 파이프라인에 데이터 검증 검사에 참여할 수 있는 권한이 있어야 한다. 데이터 엔지니어가 행 개수가 명확하지 않은지는 확인할 수 있지만, Orders 테이블의 행 개수가 증가하는 계절성 요인을 확인하는 테스트를 만들 수 있는 비즈니스 컨텍스트는 가지고 있지 않을 수도 있다.

파이프라인을 중지하는 대신 경고만 하고 싶다면 어떻게 할까? 이전 예제의 DAG 또는 데이터 검증 프레임워크 자체를 몇 가지 수정해야 한다. 에어플로우에는 공식 에어플로우 설명서에서 배울 수 있는 오류 처리를 위한 여러 옵션이 있다. 데이터 검증 프레임워크의 가능한 확장에 대해 다루는 다음 섹션에서 프레임워크 자체에서 덜 심각한 오류를 처리할 수 있는 몇 가지 방법을 제안한다. 어느 쪽이든 괜찮다. 어떤 로직을 따라갈 것인지는 여러분에게 달려있다.

프레임워크의 확장

이 장의 앞부분에서 언급했듯이 예제 8-1의 샘플 데이터 검증 프레임워크에는 프로덕션 배포 시 고려해야 할 많은 기능이 없다. 오픈 소스나 상용 옵션을 고려하지 않고 이 프레임워크를 시작점으로 사용하기로 결정한 경우 고려해야 할 몇 가지 개선 사항이 있다.

데이터 검증 프레임워크에서 일반적으로 필요한 사항은 테스트가 실패할 때 슬랙 채널이나 이메일로 알림을 보내는 것이다. 슬랙 채널의 경우 어떻게 하는지 예를 들어 설명하겠지만, 파이썬의 다른 메시징 서비스에 이메일과 알림을 보내는 예는 인터넷에서 쉽게 찾을 수 있다.

먼저 보낼 슬랙 채널에 대한 **수신 웹 훅**을 만들어야 한다. 수신 웹 훅은 해당 채널에 메시지로 표시하기 위해 데이터를 게시할 수 있는 채널의 고유한 URL이다. 슬랙 설명서[1]의 지침에 따라 이것을 어떻게 만드는지 배울 수 있다.

웹 훅이 있으면 예제 8-4에 표시된 다음 함수를 validator.py에 추가할 수 있다. 검증 테스트에 대한 정보를 전달할 수 있다. 그런 다음 웹 훅으로 전송된 정보가 슬랙 채널에 게시된다.

예제 8-4. 슬랙 메시지를 보내는 함수

```python
# 테스트 결과는 True 또는 False이어야 함
def send_slack_notification(
    webhook_url,
    script_1,
    script_2,
    comp_operator,
    test_result):
    try:
        if test_result == True:
            message = ("Validation Test Passed!: "
            + script_1 + " / "
            + script_2 + " / "
            + comp_operator)
        else:
            message = ("Validation Test FAILED!: "
            + script_1 + " / "
            + script_2 + " / "
            + comp_operator)

        slack_data = {'text': message}
        response = requests.post(webhook_url,
            data=json.dumps(slack_data),
            headers={
```

---

[1] https://api.slack.com/messaging/webhooks

```
            'Content-Type': 'application/json'
        })

    if response.status_code != 200:
        print(response)
        return False
except Exception as e:
    print("error sending slack notification")
    print(str(e))
    return False
```

이제 **validator.py**를 종료하기 직전에 해당 함수를 호출하기만 하면 된다. 예제 8-5는 업데이트된 스크립트의 마지막 줄을 보여준다.

예제 8-5. 테스트가 실패할 때 슬랙 메시지 보내기

```
if test_result == True:
    exit(0)
else:
    send_slack_notification(
        webhook_url,
        script_1,
        script_2,
        comp_operator,
        test_result)
    exit(-1)
```

물론 함수에서 보내는 슬랙 메시지의 형식을 개선할 여지가 있지만, 현재로서는 작업을 완료하기에 충분하다. send_slack_notification에 test_result 파라미터를 포함시킨 것을 보라. 통과한 테스트뿐만 아니라 실패한 테스트에 대한 알림도 처리할 수 있게 설정되어 있다. 예제에서는 이 방법을 사용하지 않았지만 원한다면 이 방법을 사용할 수도 있다.

이전에 언급한 바와 같이 때로는 슬랙 메시지로도 충분하며, 테스트가 실패했다고 해서 반드시 파이프라인이 정지돼야 하는 것은 아니다. DAG 구성을 사용하여 이러한 경우를 처리할 수도 있지만 심각도를 정의하는 다른 명령줄 매개변수를 추가하여 데이터 검증 프레임워크를 개선할 수도 있다.

예제 8–6은 심각도를 나타내는 validator.py의 업데이트된 __main__ 블록을 보여준다. 심각도 수준이 halt(중지)인 스크립트가 실행되면 테스트 실패 시 종료 코드는 −1이 된다. 심각도 수준이 경고로 설정되면 테스트에 통과할 때와 마찬가지로 실패한 테스트에서도 종료 코드가 0이 된다. 두 경우 모두 실패한 메시지는 원하는 채널로 슬랙 메시지로 전송된다.

예제 8–6. 실패한 테스트의 여러 심각도 수준에 대한 처리 추가

```python
if __name__ == "__main__":

    if len(sys.argv) == 2 and sys.argv[1] == "-h":
        print("Usage: python validator.py"
            + "script1.sql script2.sql "
            + "comparison_operator")
        print("Valid comparison_operator values:")
        print("equals")
        print("greater_equals")
        print("greater")
        print("less_equals")
        print("less")
        print("not_equal")

        exit(0)

    if len(sys.argv) != 5:
        print("Usage: python validator.py"
            + "script1.sql script2.sql "
            + "comparison_operator")
        exit(-1)

    script_1 = sys.argv[1]
    script_2 = sys.argv[2]
    comp_operator = sys.argv[3]
    sev_level = sys.argv[4]

    # 데이터 웨어하우스에 연결
    db_conn = connect_to_warehouse()
```

```
# 데이터 검증 테스트 실행
test_result = execute_test(
            db_conn,
            script_1,
            script_2,
            comp_operator)

print("Result of test: " + str(test_result))

if test_result == True:
    exit(0)
else:
    send_slack_notification(
      webhook_url,
      script_1,
      script_2,
      comp_operator,
      test_result)
    if sev_level == "halt":
        exit(-1)
    else:
        exit(0)
```

이 프레임워크를 확장하는 다른 방법은 무수히 많은데, 그중 두 가지를 다음에서 소개한다. 여러분도 분명 다른 방법을 생각하고 있을 것이다.

애플리케이션을 통한 예외 처리

이 책에서는 생략했지만 유효하지 않은 명령줄의 인수나 테스트 스크립트에서의 SQL 오류와 같은 예외 사항을 포착하고 처리하는 것은 프로덕션에서 필수다.

validator.py 단일 검사기의 실행으로 여러 테스트를 실행할 수 있는 기능

테스트를 구성 파일에 저장하고 테이블, DAG 또는 개발 패턴에 맞는 다른 방식으로 그룹화한다. 그런 다음 정의한 각 테스트에 대해 각각 하나의 명령어가 아닌 단일 명령으로 파이프라인의 특정 지점과 일치하는 모든 테스트를 실행할 수 있다.

검증 테스트 예제

이전 섹션에서는 간단한 데이터 검증 프레임워크와 작동 방식에 대한 개념을 정의했다. 다시 이야기해보면 검증 테스트는 다음과 같이 구성된다.

- 단일 숫자 값을 생성하는 스크립트를 실행하는 SQL 파일
- 단일 숫자 값을 생성하는 스크립트를 실행하는 두 번째 SQL 파일
- SQL 스크립트에서 반환된 두 값을 비교하는 데 사용되는 '비교 연산자'

예제 8-4, 8-5, 8-6의 향상된 기능들을 예제 8-1의 **validator.py** 코드에 추가했다고 가정하면 다음과 같이 명령줄에서 테스트를 실행할 수 있다.

```
python validator.py order_count.sql
order_full_count.sql equals warn
```

> **💡 심각도 수준 예제**
>
> 이전에 표시된 최종 명령줄 파라미터(severity_level)에 대해 warn(경고) 값을 사용한다. 이 섹션의 예제에서 해당 값을 사용하겠지만, 여러분이 원하는 경우 halt(중지) 값도 사용할 수 있다. 자세한 내용은 예제 8-6을 참고하라.

이 섹션에서는 파이프라인에서 데이터를 검증하는 데 유용한 몇 가지 샘플 테스트를 정의하겠다. 이것은 여러분이 알아야 할 테스트의 일부에 불과하지만, 여러분이 테스트를 시작하고 더 넓은 범위의 테스트를 수행할 수 있게 몇 가지 공통 사항을 다루고 있다. 각 하위 섹션에는 테스트를 구성하는 두 개의 SQL 파일에 대한 원본과 테스트를 실행하기 위한 명령줄 명령 및 인수가 포함된다.

수집 후 중복된 레코드

중복 레코드를 확인하는 것은 간단하고 일반적인 테스트다. 유일하게 고려할 사항은 확인 중인 테이블에서 '중복'을 정의할 항목이다. 단일 ID 값을 기반으로 할까, 아니면 ID와 두 번째 열까지 함께 확인할까? 이 예제에서는 Orders 테이블에 동일한 OrderId를 가진 두 개의 레코드가 없는지

확인한다. 추가 열을 기반으로 중복을 확인하려면 첫 번째 쿼리에서 해당 열을 SELECT 및 GROUP BY에 추가하기만 하면 된다.

두 번째 쿼리는 정적 값 0을 반환한다. 그 이유는 중복이 없을 것으로 예상하고 중복 수를 0과 비교하려고 하기 때문이다. 일치하면 테스트를 통과하게 된다.

예제 8-7. order_dup.sql

```sql
WITH order_dups AS
(
    SELECT OrderId, Count(*)
    FROM Orders
    GROUP BY OrderId
    HAVING COUNT(*) > 1
)

SELECT COUNT(*)
FROM order_dups;
```

예제 8-8. order_dup_zero.sql

```sql
SELECT 0;
```

다음을 이용해 테스트를 수행한다.

```
python validator.py order_dup.sql
order_dup_zero.sql equals warn
```

수집 후의 예기치 않은 행 개수

최근 수집한 데이터의 레코드 수가 어느 정도 일정할 것으로 예상되는 경우 통계 확인을 사용하여 최신 수집한 레코드가 기존보다 더 많거나 적은 레코드를 로드했는지 확인할 수 있다.

이번 예제에서는 데이터가 매일 수집된다고 가정하고 가장 최근(어제) 로드된 Orders 테이블의 레코드 수가 우리가 생각한 범위 내에 있는지 확인한다. 레코드 수가 일정하다면 매시간, 매주 또는 다른 간격에 대해 동일한 작업을 수행할 수 있다.

표준편차 계산을 사용하여 어제의 행 수가 Orders 테이블의 전체 과거 기록을 기반으로 90% 신뢰 수준 내에 있는지 확인해 보자. 다시 말해, 90% 신뢰구간 내의 값(행 수)이 히스토리를 기반으로 예측되는 범위 안에(어느 방향이든 최대 5%까지 수용) 있는지 확인한다.

> 💡 **얼마나 멀리 돌아볼 것인가?**
>
> 1~2년과 같이 테이블의 전체 기록보다 짧은 기간을 되돌아보고 싶을 수 있다. 그 결정은 데이터의 이력을 기반으로 해야 한다. 어떤 시점에서 체계적인 변화가 있었는가? 1년 전보다 더 과거의 기록을 보는 것이 정확할까? 그 결정은 여러분에게 달려있다.

통계에서 이것은 정규 분포 곡선의 양쪽 아래를 살펴보고 있기 때문에 **양측 검정**으로 간주된다. z-점수 계산기를 사용하여 신뢰구간이 90%인 양측 검정에 사용할 점수를 확인하여 z-점수를 1.645로 결정할 수 있다. 즉, 설정된 임곗값을 기반으로 너무 높거나 너무 낮은 값을 찾을 수 있다.

테스트에서 해당 z-점수를 사용하여 어제의 Orders 레코드 수가 테스트를 통과했는지 또는 실패했는지 확인한다. 검증 테스트에서 어제 행 수에 대한 z-점수의 절댓값을 반환한 다음 두 번째 SQL 스크립트의 z-점수 1.645와 비교한다.

Orders 테이블에 많은 샘플 데이터가 필요하기 때문에 데이터 검증 테스트에서 첫 번째 SQL 스크립트의 두 가지 버전을 제공한다. 첫 번째(예제 8-9)는 Orders 테이블을 살펴보고 일별로 행수를 얻은 다음 전날의 z-점수를 계산하는 데 사용되는 '실제' 코드다.

그러나 대신 이러한 종류의 테스트를 실험하기 위해 일부 샘플 데이터를 사용할 수 있다. order_by_day라는 테이블을 채우는 대체 버전을 제공한 다음 예제 8-9의 후반 섹션을 실행하여 샘플 세트의 마지막 날(2020-10-05)에 대한 z-점수를 계산해보겠다. 예제 8-11은 대체 버전을 보여준다.

예제 8-9. order_yesterday_zscore.sql

```
WITH orders_by_day AS (
  SELECT
    CAST(OrderDate AS DATE) AS order_date,
    COUNT(*) AS order_count
  FROM Orders
  GROUP BY CAST(OrderDate AS DATE)
```

```
),
order_count_zscore AS (
  SELECT
    order_date,
    order_count,
    (order_count - avg(order_count) over ())
     / (stddev(order_count) over ()) as z_score
  FROM orders_by_day
)
SELECT ABS(z_score) AS twosided_score
FROM order_count_zscore
WHERE
  order_date =
CAST(current_timestamp AS DATE)
- interval '1 day';
```

예제 8-10은 단순히 확인할 값을 반환한다.

예제 8-10. zscore_90_twosided.sql

```
SELECT 1.645;
```

테스트를 실행하려면 다음을 사용한다.

```
python validator.py order_yesterday_zscore.sql
zscore_90_twosided.sql greater_equals warn
```

 Orders 테이블에 많은 양의 데이터가 포함된 경우 데이터 검증 스크립트의 CTE가 아닌 변환 작업의 테이블로 orders_by_day 데이터세트를 생성하는 것이 좋다(6장의 데이터 모델 예제와 동일). 과거의 일별 주문 수는 변경되어서는 안 되므로 증분 데이터 모델을 만들고 Orders 테이블에 새 데이터가 도착할 때마다 이후 날에 대한 행을 추가한다.

다음은 실행에 필요한 샘플 데이터와 함께 확인할 하드 코딩된 날짜가 있는 대체 버전이다. 이 버전에서는 order_count 값을 조정하고 테스트를 실행하여 원하는 범위에서 다른 z-점수를 얻을 수 있다.

```
CREATE TABLE orders_by_day
(
  order_date date,
  order_count int
);

INSERT INTO orders_by_day
  VALUES ('2020-09-24', 11);
INSERT INTO orders_by_day
  VALUES ('2020-09-25', 9);
INSERT INTO orders_by_day
  VALUES ('2020-09-26', 14);
INSERT INTO orders_by_day
  VALUES ('2020-09-27', 21);
INSERT INTO orders_by_day
  VALUES ('2020-09-28', 15);
INSERT INTO orders_by_day
  VALUES ('2020-09-29', 9);
INSERT INTO orders_by_day
  VALUES ('2020-09-30', 20);
INSERT INTO orders_by_day
  VALUES ('2020-10-01', 18);
INSERT INTO orders_by_day
  VALUES ('2020-10-02', 14);
INSERT INTO orders_by_day
  VALUES ('2020-10-03', 26);
INSERT INTO orders_by_day
  VALUES ('2020-10-04', 11);
```

예제 8-11. order_sample_zscore.sql

```
WITH order_count_zscore AS (
  SELECT
    order_date,
    order_count,
    (order_count - avg(order_count) over ())
      / (stddev(order_count) over ()) as z_score
  FROM orders_by_day
```

```
)
SELECT ABS(z_score) AS twosided_score
FROM order_count_zscore
WHERE
order_date =
  CAST('2020-10-05' AS DATE)
  - interval '1 day';
```

테스트를 실행하려면 다음을 사용한다.

```
python validator.py order_sample_zscore.sql
zscore_90_twosided.sql greater_equals warn
```

지표 값 변동

이 장의 앞부분에서 언급했듯이 파이프라인의 각 단계에서 데이터를 검증하는 것은 매우 중요하다. 앞의 두 가지 예제에서는 수집 후 데이터의 유효성을 확인했다. 이 예제에서는 파이프라인의 변환 단계에서 데이터를 모델링한 후 아무 문제가 없는지 확인한다.

6장의 데이터 모델링 예제에서는 여러 소스 테이블이 함께 결합되고 값을 집계하는 방법을 결정하는 논리를 구현했다. 잘못된 조인 로직을 포함하여 행을 복제하거나 삭제할 수 있는 여러 가지 문제가 발생할 수 있다. 소스 데이터가 파이프라인의 초기에 데이터 검증 검사를 통과한 경우에도 파이프라인 끝에서 구축된 데이터 모델에 대해 데이터 검증 검사를 실행하는 것이 항상 좋은 방법이다.

다음 세 가지 사항을 확인할 수 있다.

- 지표 값이 특정 상한 및 하한 범위 내에 있는지 확인

- 데이터 모델에서 행 개수 증가(또는 감소) 확인

- 특정 지표 값에 예상치 못한 변동이 있는지 확인

지금쯤이면 이러한 테스트를 구현하는 방법에 대한 좋은 아이디어가 떠오를 테지만, 여기서는 지표 값의 변동을 확인하기 위한 마지막 예제 하나만 제공하려고 한다. 이 로직은 주어진 소스 테이블의 행 개수의 변화를 확인하기 위해 테스트를 진행했던 마지막 섹션의 로직과 거의 동일

하다. 그러나 이번에는 행 개수 값을 확인하는 대신 특정 날짜에 이루어진 주문의 총 수익이 과 거 히스토리 데이터 변동의 기준을 벗어나는지 확인한다.

행 개수의 변경을 찾는 이전 섹션의 예제와 같이 원본 데이터에서 이를 수행하는 방법에 대한 예 제(예제 8-12)와 샘플 집계 데이터가 있는 예제(예제 8-14)를 모두 제공하다. 예제 8-12를 실행하려면 Orders 테이블에 상당한 양의 데이터가 필요하다. 이 코드는 실제 구현에 적합하며, 만약 학습을 위한 것이라면 예제 8-14가 사용하기에 더 좋다.

예제 8-12. return_yesterday_zscore.sql

```sql
WITH revenue_by_day AS (
  SELECT
    CAST(OrderDate AS DATE) AS order_date,
    SUM(ordertotal) AS total_revenue
  FROM Orders
  GROUP BY CAST(OrderDate AS DATE)
),
daily_revenue_zscore AS (
  SELECT
    order_date,
    total_revenue,
    (total_revenue - avg(total_revenue) over ())
    / (stddev(total_revenue) over ()) as z_score
  FROM revenue_by_day
)
SELECT ABS(z_score) AS twosided_score
FROM daily_revenue_zscore
WHERE
order_date =
  CAST(current_timestamp AS DATE)
  - interval '1 day';
```

예제 8-13은 단순히 확인할 값을 반환한다.

예제 8-13. zscore_90_twosided.sql

```sql
SELECT 1.645;
```

테스트를 실행하려면 다음을 사용한다.

```
python validator.py revenue_yesterday_zscore.sql
zscore_90_twosided.sql greater_equals warn
```

다음은 예제 8-14의 샘플 데이터다. 앞에서 언급한 대로 예제 8-12의 단순화된 버전이지만 개인의 학습을 위해 사용하기에 편리하다.

```
CREATE TABLE revenue_by_day
(
  order_date date,
  total_revenue numeric
);
INSERT INTO revenue_by_day
  VALUES ('2020-09-24', 203.3);
INSERT INTO revenue_by_day
  VALUES ('2020-09-25', 190.99);
INSERT INTO revenue_by_day
  VALUES ('2020-09-26', 156.32);
INSERT INTO revenue_by_day
  VALUES ('2020-09-27', 210.0);
INSERT INTO revenue_by_day
  VALUES ('2020-09-28', 151.3);
INSERT INTO revenue_by_day
  VALUES ('2020-09-29', 568.0);
INSERT INTO revenue_by_day
  VALUES ('2020-09-30', 211.69);
INSERT INTO revenue_by_day
  VALUES ('2020-10-01', 98.99);
INSERT INTO revenue_by_day
  VALUES ('2020-10-02', 145.0);
INSERT INTO revenue_by_day
  VALUES ('2020-10-03', 159.3);
INSERT INTO revenue_by_day
  VALUES ('2020-10-04', 110.23);
```

예제 8-14. revenue_sample_zscore.sql

```
WITH daily_revenue_zscore AS (
  SELECT
    order_date,
    total_revenue,
    (total_revenue - avg(total_revenue) over ())
    / (stddev(total_revenue) over ()) as z_score
  FROM revenue_by_day
)
SELECT ABS(z_score) AS twosided_score
FROM daily_revenue_zscore
WHERE
order_date =
  CAST('2020-10-05' AS DATE)
  - interval '1 day';
```

테스트를 실행하려면 다음을 사용한다.

```
python validator.py revenue_sample_zscore.sql
zscore_90_twosided.sql greater_equals warn
```

물론 비즈니스 환경에서는 그에 맞게 테스트를 조정해야 할 것이다.

일일 수익을 보는 것이 너무 번잡스럽거나 주문량이 적어서 주간 또는 월간 집계를 확인하는 것이 더 낫다면 예제 8-12를 수정하여 일 대신 주 또는 월별로 집계할 수 있다. 예제 8-15는 동일한 테스트의 월별 버전을 보여준다. 이전 달과 그 이전의 11개의 값들을 비교한다.

이 예제에서는 현재 날짜를 기준으로 전월의 총 수익을 확인한다. 이것은 일반적으로 다음 달 1일에 한 달을 마감할 때 실행하는 데이터 검증 유형이다. 예를 들어, 이것은 9월의 수익이 과거 기록을 기반으로 예상 범위 내에 있는지 확인하기 위해 10월 1일에 실행할 수 있는 검증이다.

예제 8-15. revenue_lastmonth_zscore.sql

```
WITH revenue_by_day AS (
  SELECT
    date_part('month', order_date) AS order_month,
    SUM(ordertotal) AS total_revenue
```

```
FROM Orders
WHERE
  order_date > date_trunc('month',current_timestamp - interval '12 months')
  AND
  order_date < date_trunc('month', current_timestamp)
GROUP BY date_part('month', order_date)
),
daily_revenue_zscore AS (
SELECT
  order_month,
    total_revenue,
    (total_revenue - avg(total_revenue) over ())
    / (stddev(total_revenue) over ()) as z_score
  FROM revenue_by_day
)
SELECT ABS(z_score) AS twosided_score
FROM daily_revenue_zscore
WHERE order_month =
date_part('month',date_trunc('month',current_timestamp - interval '1 months'));
```

이러한 검증 테스트에는 여러 가지 다른 변형이 있다. 날짜 세분성 수준, 비교하려는 날짜 기간 및 z-점수까지 자체 데이터를 기반으로 분석하고 조정해야 한다.

> **💡 TIP 컨텍스트가 필요한 지표 값의 유효성 검사**
>
> 데이터 모델의 지표 값에 대한 데이터 검증 테스트를 작성하는 것은 상당히 어려울 수 있으며 비즈니스 컨텍스트를 잘 알고 있는 데이터 분석가에게 맡기는 것이 최선이다. 비즈니스의 성장, 요일 효과, 계절성 등을 고려하는 것은 그 자체로 기술이며 각 비즈니스 및 사용 사례에 따라 다르다. 이 섹션의 예제가 어디서부터 시작해야 하는지에 대한 아이디어를 제공할 것이다.

상용 및 오픈 소스 데이터 검증 프레임워크

이 섹션 전체에서 우리는 파이썬 기반 데이터 검증 프레임워크를 사용했다. 이전에 언급했듯 이 모든 종류의 데이터 검증 요구 항을 충족하는 프로덕션 애플리케이션을 간단하게 사용할 수 있다.

즉, 데이터 수집, 데이터 모델링 및 데이터 오케스트레이션 도구와 마찬가지로 데이터 검증에 사용할 항목과 관련하여 직접 구축할지 구매할지 결정해야 한다. 사실, 이전의 빌드 대 구매 결정은 종종 데이터 팀이 파이프라인의 여러 지점에서 무엇을 사용하여 데이터 검증을 수행할지 결정하는 데 영향을 미친다.

예를 들어 일부 데이터 수집 도구에는 행 수 변경, 열에서 예기치 않은 값 등을 확인하는 기능이 포함되어 있다. dbt[2]와 같은 일부 데이터 변환 프레임워크에는 기능적으로 데이터 유효성 검사 및 테스트가 포함된다. 그러한 도구에 이미 투자했다면 어떤 옵션이 있는지 확인해야 한다.

마지막으로 데이터 검증을 위한 오픈 소스 프레임워크가 있다. 그러한 프레임워크의 수는 방대하므로 여러분의 생태계에 맞는 프레임워크를 찾는 것이 좋다. 예를 들어 머신러닝 파이프라인을 구축하고 텐서플로를 사용하는 경우 텐서플로 데이터 검증(TensorFlow Data Validation)[3]을 고려할 수 있다. 보다 일반적인 검증을 위해서는 Yahoo의 Validator[4]라는 오픈 소스 옵션을 사용할 수도 있다.

---

2 https://www.getdbt.com/
3 https://www.tensorflow.org/tfx/data_validation/get_started
4 https://github.com/yahoo/validatar

파이프라인 유지 관리
모범 사례

지금까지 이 책은 데이터 파이프라인 구축에 중점을 두었다. 이 장에서는 복잡성이 증가하고 파이프라인이 의존하는 시스템의 불가피한 변화에 대처할 때 이러한 파이프라인을 유지 관리하는 방법에 대해 설명한다.

소스 시스템의 변경 사항 처리

데이터 엔지니어에게 가장 일반적인 유지 관리 문제 중 하나는 데이터를 수집하는 시스템이 정적이지 않다는 것이다. 개발자들은 기능을 추가하거나 코드를 리팩터링하거나 버그를 수정하여 항상 소프트웨어를 변경한다. 이러한 변경으로 인해 수집할 데이터의 스키마 또는 의미가 수정되면 파이프라인이 실패하거나 부정확해질 위험에 처하게 된다.

이 책 전반에 걸쳐 논의한 바와 같이 현대 데이터 인프라의 현실은 데이터가 매우 다양한 소스에서 수집된다는 것이다. 따라서 소스 시스템에서 스키마 및 비즈니스 로직 변경을 처리하는 일률적인 해결 방법을 찾기가 어렵다. 그럼에도 불구하고 권장하는 몇 가지 모범 사례가 있다.

추상화 도입

가능하면 소스 시스템과 수집 프로세스 사이에 추상화 계층을 도입하는 것이 가장 좋다. 소스 시스템의 소유자가 추상화 방법을 유지하거나 인식하는 것이 중요하다.

예를 들어 Postgres 데이터베이스에서 직접 데이터를 수집하는 대신 데이터베이스 소유자와 협력하여 데이터베이스에서 데이터 추출을 위해 쿼리할 수 있는 REST API를 구축하는 것을 고려하라. API가 단순히 거쳐 지나가는 단계라고 할지라도 그것이 소스 시스템 소유자가 유지 관리하는 코드에 존재한다는 것은 시스템 소유자가 어떤 데이터가 추출되고 있는지 알고 있다는 것을 의미하며, 애플리케이션 데이터베이스의 내부 구조 변경에 대해 걱정할 필요가 없다는 뜻이다. 데이터베이스 테이블의 구조를 수정하기로 선택한 경우 API를 수정해야 하지만 API에 의존하는 다른 코드를 고려할 필요가 없다.

또한 소스 시스템 변경으로 인해 지원되는 API 엔드포인트가 포함된 필드가 제거되는 경우 수행할 작업에 대한 마음의 결정을 내릴 수 있다. 아마 이 필드는 시간이 지남에 따라 단계적으로 제거되거나 히스토리 데이터로 지원되겠지만 앞으로는 NULL 값을 가지게 될 것이다. 어느 쪽이든, 명시적 추상화 계층이 존재할 때 변경이 생기면 이를 처리할 필요성은 항상 생기게 마련이다.

REST API는 추상화를 위한 유일한 옵션도 아니고, 최고의 선택도 아닐 수 있다. 카프카 토픽을 통해 데이터를 게시하는 것은 합의된 스키마를 유지하면서 이벤트를 게시하는 소스 시스템과 이벤트를 구독하는 시스템(수집)의 세부사항을 서로 완전히 분리된 상태로 유지하는 훌륭한 방법이다.

데이터 계약 유지 관리

소스 시스템의 데이터베이스에서 직접 데이터를 수집하거나 추출을 위해 명시적으로 설계되지 않은 방법을 통해 데이터를 수집해야 하는 경우 데이터 계약을 만들고 유지 관리하는 것은 스키마 및 논리 변경을 관리하는 데 그다지 기술적인 솔루션은 아니다.

데이터 계약

> 데이터 계약은 소스 시스템의 소유자와 데이터 파이프라인에서 사용하기 위해 해당 시스템에서 데이터를 수집하는 팀 간의 서면 계약이다. 계약에는 데이터 추출이 어떤 방법(전체, 증분)으로 얼마나 자주 이루어지며, 소스 시스템과 수집 모두에 대한 연락처가 누구(사람, 팀)인지 명시해야 한다. 데이터 계약은 깃허브 저장소 또는 내부 문서 사이트와 같이 잘 알려져 있고 찾기 쉬운 위치에 저장해야 한다. 가능하다면 데이터 계약을 표준화 형태로 지정하여 개발 프로세스에 통합하거나 프로그래밍 방식으로 쿼리할 수 있게 한다.

데이터 계약은 텍스트 문서의 형태로 작성될 수 있지만 바람직하게는 예제 9–1과 같이 표준화된 구성 파일로 작성된다. 이 예에서 Postgres 데이터베이스의 테이블에서 수집하기 위한 데이터 계약은 JSON 형식으로 저장된다.

예제 9–1. orders_contract.json

```
{
  ingestion_jobid: "orders_postgres",
  source_host: "my_host.com",
  source_db: "ecommerce",
  source_table: "orders",
  ingestion_type: "full",
  ingestion_frequency_minutes: "60",
  source_owner: "dev-team@mycompany.com",
  ingestion_owner: "data-eng@mycompany.com"
};
```

데이터 계약을 작성한 뒤 파이프라인의 무결성을 위협하는 소스 시스템 변경 사항보다 앞서 데이터 계약을 사용할 수 있는 몇 가지 방법이 있다.

- PR이 제출되거나 코드가 브랜치에 커밋될 때 데이터 계약에서 source_table로 나열된 테이블에 대한 변경 사항(스키마 또는 로직)을 찾는 Git 후크(hook)를 빌드한다. 테이블이 데이터 수집에 사용되는 테이블의 변경 사항을 조정하기 위해 누구에게 연락해야 하는지를(ingestion_owner) 기고자에게 자동으로 알린다.

- 데이터 계약 자체가 Git 리포지토리에 있는 경우(그래야 한다!) Git 후크를 추가하여 계약 변경 사항을 확인한다. 가령 수집 실행 빈도가 증가하는 경우 데이터 계약을 업데이트해야 할 뿐만 아니라 소스 시스템 소유자에게 문의하여 운영 시스템에 부정적인 영향이 없는지 확인해야 한다.

- 회사의 중앙 문서 사이트에 모든 데이터 계약을 읽을 수 있는 형태로 게시하고 검색 가능하게 만든다.

- 지난 6개월(또는 기타 빈도) 동안 업데이트되지 않은 데이터 계약에 대해 소스 시스템 및 수집 소유자에게 알리고 필요한 경우 검토 및 업데이트하도록 요청하는 스크립트를 작성하고 예약한다.

자동화 여부에 관계없이 목표는 수집되는 데이터의 변경 사항 또는 수집 방법(예를 들어 증분 또는 전체 로드)에 플래그를 지정하고 파이프라인 또는 소스 시스템에서 문제가 발생하기 전에 먼저 전달하는 것이다.

Schema-on-Read의 고려사항

소스 데이터의 스키마 변경을 처리하는 한 가지 방법은 **데이터를 쓸 때 스키마를 정의하는 방식(schema-on-write)**에서 **데이터를 읽을 때 스키마를 정의하는 방식(schema-on-read)**으로 설계를 이동하는 것이다.

Schema-on-write는 이 책 전체에서 사용한 패턴이다. 특히 4장과 5장에서 확인할 수 있는데, 소스에서 데이터를 추출할 때 구조(스키마)가 정의되고 데이터가 데이터 레이크 또는 S3 버킷에 기록된다. 그런 다음 수집의 로드 단계가 실행되면 데이터가 예측 가능한 형식의 정의된 테이블 구조로 로드될 수 있다.

Schema-on-read는 스키마에 대한 엄격한 정의 없이 데이터가 데이터 레이크, S3 버킷 또는 기타 스토리지 시스템에 기록되는 패턴이다. 예를 들어, 시스템에 배치된 주문을 정의하는 이벤트는 JSON 객체로 정의될 수 있지만 해당 객체의 속성은 시간이 지남에 따라 새 속성이 추가되거나 기존 속성이 제거됨에 따라 변경될 수 있다. 이 경우 데이터의 스키마는 **읽을 때**까지 알 수 없으므로 schema-on-read라고 한다.

이 패턴은 스토리지에 데이터를 쓰는 데는 매우 효율적이지만 로드 단계에 복잡성을 추가하고 파이프라인에서 몇 가지 주요 의미를 갖는다. 기술적인 관점에서 S3 버킷에서 이러한 방식으로 저장된 데이터를 읽는 것은 매우 쉽다. Amazon Athena 및 기타 제품을 사용하면 원본 데이터를 SQL 쿼리를 작성하는 것처럼 간단하게 쿼리할 수 있다. 그러나 데이터의 정의를 유지하는 것은 쉬운 일이 아니다.

먼저 로드 단계에서 스키마가 유연한 데이터를 읽는 데 사용하는 모든 도구와 통합되는 **데이터 카탈로그**를 활용한다. 데이터 카탈로그는 데이터 레이크 및 웨어하우스의 데이터에 대한 메타데이터를 저장한다. 데이터세트의 구조와 정의를 모두 저장할 수 있다. schema-on-read의 경우 실용적으로 사용하고 사람이 참조할 수 있도록 카탈로그에 데이터 구조를 정의하고 저장하는 것이 중요하다. AWS Glue 데이터 카탈로그[1] 및 Apache Atlas[2]는 널리 사용되는 데이터 카탈로그지만 이 외에도 선택할 수 있는 것들이 많다.

둘째, 로드 단계의 논리는 더욱 복잡해진다. 스키마 변경을 동적으로 처리하는 방법을 고려해야 한다. 수집 중에 새 필드가 탐지되면 웨어하우스의 테이블에 새 열을 동적으로 추가할 것인가? 파이프라인의 변환 단계에 있는 데이터나 소스 테이블의 변경 사항을 모델에 적용하는 데이터 분석가에게 어떻게 알릴 것인가?

schema-on-read 접근 방식을 선택하는 경우 데이터 카탈로그 작성뿐만 아니라 조직에서 데이터가 사용되는 방식에 대한 표준 및 프로세스를 정의하는 **데이터 거버넌스**에 대해 진지하게 고민해야 한다. 데이터 거버넌스는 광범위한 주제이며 데이터 수집 방식에 관계없이 중요한 주제이다. 그러나 schema-on-read 접근 방식을 선택한다면 기술 수준에서 무시할 수 없는 항목이다.

확장 복잡성

소스 시스템과 다운스트림 데이터 모델이 제한적일 때 데이터 파이프라인을 구축하는 것은 충분히 어려운 일이다. 상대적으로 작은 조직에서도 이런 숫자가 커질 경우 증가하는 복잡성을 처리하기 위해 파이프라인을 확장해야 하는데, 이때 몇 가지 문제가 생길 수 있다. 이 섹션에서는 파이프라인의 다양한 단계에서 수행하는 몇 가지 팁과 모범 사례가 포함되어 있다.

데이터 수집 표준화

복잡성과 관련하여 수집하는 시스템의 개수보다는 각 시스템이 완전히 동일하지 않다는 사실이 문제가 되는 경우가 많다. 이러한 사실은 종종 다음과 같은 두 가지 파이프라인 유지 관리 문제로 이어진다.

- 수집 작업은 다양한 소스 시스템 유형(Postgres, 카프카 등)을 처리할 수 있게 작성해야 한다. 수집해야 하는 소스 시스템 유형이 많을수록 소스 코드가 커지고 유지 관리할 양도 많아진다.

---

1 https://docs.aws.amazon.com/glue/latest/dg/components-overview.html#data-catalog-intro
2 https://atlas.apache.org/

- 동일한 소스 시스템 유형에 대한 수집 작업은 쉽게 표준화되지 않는다. 예를 들어 REST API에서만 수집하더라도 해당 API에 페이징, 증분 데이터 액세스 및 기타 기능에 대해 표준화된 방법이 없는 경우 데이터 엔지니어가 코드를 재사용하거나 공유하지 않고 일회성으로 수집 작업을 구축하기도 한다. 이 경우 해당 코드는 중앙에서 유지 관리할 수 없다.

조직에 따라 사용자가 수집하는 시스템을 거의 제어하지 못할 수도 있다. 아마도 수집 시스템이 타사 플랫폼이거나, 내부 시스템이지만 조직 계층이 서로 다른 엔지니어링 팀에서 구축한 시스템일 수 있다. 둘 다 기술적인 문제는 아니지만 데이터 파이프라인 전략의 일부로 각 문제를 고려하고 해결해야 한다. 다행히도 파이프라인에 미치는 영향을 완화하기 위한 몇 가지 기술적 접근 방식도 있다.

첫째, 비기술적 요인이다. 수집하는 시스템이 내부적으로 구축되었지만 제대로 표준화되지 않은 경우, 데이터 조직 파이프라인에 미치는 영향에 대한 인식을 높이면 시스템 소유자가 동의할 수 있다.

특히 대기업의 경우, 각 시스템을 구축하는 소프트웨어 엔지니어는 조직 내의 다른 팀과 완전히 같지 않은 시스템을 구축하고 있다는 사실을 인식하지 못할 수 있다. 고맙게도 소프트웨어 엔지니어는 일반적으로 표준화 작업의 효율성과 유지 관리 측면에서의 이점을 이해한다. 엔지니어링 조직과 파트너십을 구축하려면 인내심과 올바른 접근 방법이 필요하지만, 데이터 팀에게는 이 기술이 과소평가되어 있다.

많은 타사 데이터 소스에서 데이터를 수집해야 하는 경우, 조직은 여러 인스턴스를 구입하거나 직접 구축하려고 선택할 수 있다. 구축/구매 결정은 복잡하며, 조직은 내부적으로 구축된 솔루션에 대한 여러 공급업체와 제안을 평가할 때 일반적으로 많은 요소를 고려한다. 프로세스에서 종종 배제되거나 이상적이지 않은 요인 중 하나는 보고 및 분석에 미치는 영향이다. 이러한 경우 데이터 팀은 작업에 적합하지 않은 제품에서 데이터를 수집해야 하는 과제를 떠안게 된다. 평가 과정에 초기 단계부터 참여할 수 있도록 최선을 다하고 팀이 함께 최종 결정을 내릴 수 있게 노력하라. 내부 시스템 표준화에 대한 인지도를 높이는 것과 마찬가지로, 공급업체와 협력하여 분석 요구사항을 파악하는 것도 데이터 팀이 강하게 목소리를 내지 않으면 고려되지 않는 경우가 많다.

또한 사용자가 제어할 수 있는 몇 가지 기술적 접근 방식을 통해 수집 작업의 복잡성을 줄일 수 있다.

가능한 모든 코드 표준화 및 재사용

이는 소프트웨어 엔지니어링의 일반적인 모범 사례이지만, 데이터 수집 작업을 생성할 때 간과하는 경우가 있다.

구성 기반 데이터 수집 노력

여러 Postgres 데이터베이스와 테이블에서 데이터를 수집하는가? 각 수집에 대해 별도의 작업을 작성하지 말고 수집할 테이블과 스키마를 정의하는 구성 파일(또는 데이터베이스 테이블의 레코드)을 통해 반복하는 단일 작업을 작성하라.

자신의 추상화를 고려

소스 시스템 소유자가 시스템과 수집 사이에 표준화된 추상화를 구축하게 할 수 없다면 직접 수행하거나 해당 시스템과 파트너 관계를 맺고 대부분의 개발 작업을 수행하는 것을 고려해본다. 예를 들어 Postgres 또는 MySQL 데이터베이스에서 데이터를 수집해야 하는 경우 다른 수집 작업을 작성하는 대신 소스 시스템 팀의 허가를 받아 Debezium(4장 참조)을 사용하여 스트리밍 CDC를 구현할 수 있다.

데이터 모델링 로직의 재사용

복잡성은 파이프라인 아래, 특히 파이프라인의 변환 단계에서 데이터 모델링 중에 발생할 수 있다(6장 참조). 분석가가 데이터 모델을 많이 구축할 수록 다음 두 가지 중 하나를 수행하는 경향이 있다.

- 각 모델을 구축하는 SQL에서 로직을 반복한다.
- 모델을 서로 분리하여 모델 간에 수많은 종속성을 생성한다.

코드 재사용은 데이터 수집(일반적으로 소프트웨어 엔지니어링)에 이상적이듯이 데이터 모델링에도 이상적이다. 단일 소스가 존재하도록 하고 버그나 비즈니스 로직 변경 시 변경해야 하는 코드의 양을 줄인다. 대신 파이프라인에서는 좀 더 복잡한 종속성 그래프를 가지게 된다.

그림 9-1은 단일 데이터 수집과 병렬로 실행되는 스크립트를 통해 구축된 4개의 데이터 모델을 포함한 DAG(7장 참조)를 보여준다. 서로에게 의존하지 않기 때문에 이런 방식으로 실행될 수 있다.

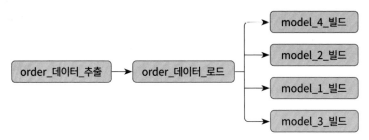

그림 9-1. 4개의 독립적인 데이터 모델

서로 관련이 없는 데이터 모델이라면, 서로 영향을 주지 않기 때문에 모델을 만드는 것이 문제가 되지 않는다. 그러나 모델들이 일부 로직을 공유한다면 모델과 DAG를 그림 9-2와 같이 리팩터 링하는 것이 가장 좋다.

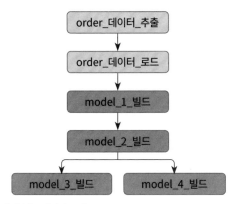

그림 9-2. 논리 재사용 및 종속성이 있는 데이터 모델

예제 9-2는 그림 9-2의 model_1_빌드 작업에서 실행된 스크립트를 다시 표시하는 로직 재사용 의 간단한 예를 보여준다. 이 스크립트는 일별 주문 수를 생성하고 이를 orders_by_day라는 데이 터 모델에 저장한다.

6장의 Orders 테이블을 사용할 수 있으며, 다음 SQL을 사용하여 이 테이블을 다시 작성할 수 있다.

```
CREATE TABLE Orders (
    OrderId int,
    OrderStatus varchar(30),
    OrderDate timestamp,
```

```
  CustomerId int,
  OrderTotal numeric
);
INSERT INTO Orders
  VALUES(1,'Shipped','2020-06-09',100,50.05);
INSERT INTO Orders
  VALUES(2,'Shipped','2020-07-11',101,57.45);
INSERT INTO Orders
  VALUES(3,'Shipped','2020-07-12',102,135.99);
INSERT INTO Orders
  VALUES(4,'Shipped','2020-07-12',100,43.00);
```

예제 9-2. model_1.sql

```
CREATE TABLE IF NOT EXISTS orders_by_day AS
SELECT
    CAST(OrderDate AS DATE) AS order_date,
    COUNT(*) AS order_count
FROM Orders
GROUP BY CAST(OrderDate AS DATE);
```

DAG에서 데이터 모델은 매번 재계산하지 않고 일별 주문 개수가 필요할 때 이 표를 참조할 수 있다. 예제 9-3은 그림 9-2의 model_2_빌드 작업에서 실행된 스크립트를 나타낸다. 일별 주문 개수를 다시 계산하는 대신 order_by_day 모형을 사용한다. WHERE 절이나 조인에 더 복잡한 계산이나 쿼리를 사용하여 일별 주문 수를 얻는 것이 더 간단해 보일 수 있지만, 로직을 한 번 작성하여 재사용하는 것이 훨씬 더 중요하다. 이를 통해 단일 소스의 정보를 보장하고 단일 모델을 유지 관리할 수 있으며, 보너스로 데이터 웨어하우스가 복잡한 로직을 한 번만 실행하고 결과를 나중에 참조할 수 있도록 저장하기만 하면 된다. 나중에는 파이프라인의 런타임에서 이러한 시간 절약이 두드러진다.

예제 9-3. model_2.sql

```
SELECT
  obd.order_date,
  ot.order_count
FROM orders_by_day obd
LEFT JOIN other_table ot
  ON ot.some_date = obd.order_date;
```

일부 숙련된 데이터 분석가는 처음부터 이러한 방식으로 데이터 모델과 후속 DAG를 설계하지만 파이프라인에서 문제가 발생한 후에 리팩터링할 기회를 찾는 것이 더 일반적이다. 예를 들어, 모델의 로직에서 버그가 발견되고 이를 연결된 여러 모델에서 함께 수정해야 하는 경우 로직을 단일 모델에 적용하고 그로부터 다른 모델이 파생되는 기회를 만들 수 있다.

결과적으로 모델 간 종속성이 더 복잡해지지만 올바르게 처리되면 다음 섹션에서 볼 수 있듯이 파이프라인의 데이터 모델링 부분에 있는 논리가 더 안정적이고 데이터 정보가 여러 버전으로 발생될 가능성을 줄여준다는 것을 알게 될 것이다.

종속성 무결성 보장

이전 섹션에서 언급했듯이 데이터 모델 로직을 재사용하는 것의 모든 이점과 함께 트레이드 오프 또한 있다. 즉, 어떤 모델이 서로 의존하는지 추적하고 이러한 종속성이 오케스트레이션을 위해 DAG에 올바르게 정의되어 있는지 확인해야 한다.

이전 섹션의 그림 9-2(예제 9-2 및 9-3의 쿼리)에서 model_2는 model_1에 종속되고 model_3 및 model_4는 모두 model_2에 종속된다. 이러한 종속성은 DAG에서 적절하게 정의되지만 팀이 더 많은 모델을 빌드함에 따라 종속성을 추적하는 것이 상당히 번거롭고 오류가 발생하기 쉽다.

파이프라인이 더 복잡해짐에 따라 데이터 모델 간의 종속성을 정의하고 검증하기 위한 프로그래밍 방식을 고려해야 할 때다. 접근 방식에는 여러 가지가 있으며, 여기서 그중 두 가지를 설명하겠다.

먼저 개발 프로세스에 몇 가지 로직을 구축하여 SQL 스크립트의 종속성을 식별하고 스크립트가 의존하는 모든 테이블이 DAG의 위 단계에서 실행되게 할 수 있다. 그렇게 하는 것은 간단하지 않으며 SQL 스크립트에서 테이블 이름을 구문 분석하거나 더 일반적으로 데이터 분석가가 새 모델을 제출할 때나 기존 모델에 수정을 수행할 때, 구성 파일에 수동으로 종속성 목록을 제공하도록 요구하여 수행할 수 있다. 두 경우 모두 미리 해야 하는 작업이 있고 개발 프로세스에 약간의 마찰을 추가한다.

또 다른 접근 방식은 dbt[3]와 같은 데이터 모델 개발 프레임워크를 사용하는 것이다. 이 프레임워크에는 분석가가 모델 정의를 위해 작성한 SQL에서 바로 모델 간의 참조를 정의할 수 있는 메커니즘이 있다.

---

3 https://www.getdbt.com/

TIP dbt에 대한 추가 정보

dbt는 데이터 분석 커뮤니티에서 널리 사용되고 기여하는 도구로 성장한 피시타운 애널리틱스에서 만든 오픈 소스 제품이다. 파이썬으로 작성되었으며 자체적으로 배포하고 사용하기 쉽다. 자체적으로 설치해서 사용하지 않으려면 dbt Cloud라는 완전히 호스팅된 상용 버전도 있다. dbt 공식 문서[4]를 읽으면 dbt에 대해 자세히 알아볼 수 있다.

예를 들어, 예제 9-3의 **model_2.sql**을 다시 작성하고 dbt의 ref() 함수를 사용하여 조인 단계에서 **model_1.sql**을 참조해보자. 예제 9-4는 결과를 보여준다.

예제 9-4. model_2_dbt.sql

```
SELECT
  obd.order_date,
  ot.order_count
FROM {{ref('model_1')}} obd
LEFT JOIN other_table ot
  ON ot.some_date = obd.order_date;
```

TIP dbt의 데이터 모델

dbt의 데이터 모델은 모두 SELECT 문으로 정의된다. 데이터 모델이 6장에서 소개한 방법과 유사하지만 dbt 모델은 많은 파이썬 개발자에게 친숙할 Jinja 템플릿을 통해 ref()와 같은 기능을 활용할 수 있다.

업데이트된 SQL을 통해 dbt는 model_2가 model_1에 의존한다는 것을 알고 적절한 순서로 실행되게 한다. 실제로 dbt는 에어플로우와 같은 도구에서 강제로 빌드하는 대신 DAG를 동적으로 빌드한다. 데이터 모델이 실행 전에 dbt에 의해 컴파일되면 model_1에 대한 참조가 테이블 이름(orders_by_day)으로 채워진다. 그림 9-2에 있는 DAG의 4개 모델 모두가 dbt로 작성된 경우 명령줄에서 단일 명령으로 컴파일 및 실행할 수 있다.

```
$ dbt run
```

dbt가 실행되면 각 테이블이 서로 참조되는 방식에 따라 각 모델을 나타내는 SQL 스크립트가 적절한 순서로 실행된다. 7장에서 이야기했듯이 에어플로우에서 명령줄 작업을 실행하는 것은

---

[4] https://docs.getdbt.com/docs/introduction

간단하다. 데이터 모델 개발을 위해 dbt와 함께 에어플로우를 오케스트레이터로 계속 사용할 수도 있다. 그림 9-3은 수집의 두 단계가 이전과 같이 실행되는 업데이트된 DAG를 보여준다. 완료되면 단일 에어플로우 작업이 dbt run 명령을 실행하여 네 가지 데이터 모델 모두를 올바른 순서에 따라 SQL 실행 처리한다.

그림 9-3. 에어플로우의 dbt에서 실행된 데이터 모델

이 예에서는 dbt 프로젝트의 모든 모델을 실행하고 있지만 dbt run에 매개변수를 전달하여 실행할 모델의 하위 집합을 지정할 수도 있다.

개발 프로세스에 사용자 지정 코드로 모델 종속성을 식별 및 검증하든, dbt와 같은 제품을 활용하든, 어떤 방법으로든 대규모 종속성을 처리하는 것은 데이터 파이프라인을 유지 관리하는 데 중요하다. 가장 중요한 것은 일일이 수동으로 점검하지 말라는 것과 사람의 눈으로 검사하지 말라는 것이다.

10

파이프라인 성능 측정 및 모니터링

아무리 잘 설계된 데이터 파이프라인이라고 해도 '설정하고 잊어도 되는' 것은 아니다. 파이프라인의 성능을 측정하고 모니터링하는 관행은 필수적이다. 파이프라인의 기대치를 설정하고 이에 맞게 운영되게 하는 것은 안정성 측면에서 팀과 이해관계자 모두에게 중요하다

이 장에서는 데이터 팀이 다른 사람들에게는 늘 제공하지만 놀랍게도 항상 자신에게 투자하지는 않는 일, 즉 데이터 수집 및 작업 성과 측정을 수행하기 위한 몇 가지 팁과 모범 사례를 간략하게 설명한다.

중요 파이프라인 지표

파이프라인 전체에서 캡처해야 하는 데이터를 결정하기 전에 먼저 추적할 지표를 결정해야 한다.

지표 선택은 나와 이해 관계자에게 중요한 것이 무엇인지 식별하는 것에서 시작해야 한다. 몇 가지 예는 다음과 같다.

- 얼마나 많은 검증 테스트(8장 참조)가 실행되고 실행된 총 테스트의 몇 퍼센트가 통과하는가
- 특정 DAG가 성공적으로 실행되는 빈도
- 몇 주, 몇 달, 몇 년에 걸친 파이프라인의 총 런타임

추적할 지표는 몇 개인가?

> 너무 많은 지표를 보는 일반적인 함정을 조심하자! 파이프라인 성능과 안정성에 대한 전체 이야기를 단일 지표에
> 의존하는 것이 위험하듯이, 지표가 너무 많으면 가장 중요한 것에 집중하기 어려워진다. 중요 지표는 최대 2~3개
> 선택하는 것이 좋다. 측정 대상이 겹치지 않고 각각 고유한 목적을 갖도록 하는 것도 중요하다.

좋은 소식은 이러한 지표를 계산하는 데 필요한 데이터를 쉽게 수집할 수 있다는 것이다. 다음
섹션에서 볼 수 있듯이 이 책의 앞부분에서 구축한 인프라에서 직접 이 데이터를 캡처할 수 있
다. 특히 에어플로우(7장) 및 데이터 검증 프레임워크(8장)를 참조할 수 있다.

데이터 웨어하우스 준비

파이프라인의 성능을 모니터링하고 보고하려면 먼저 이러한 측정에 필요한 데이터를 캡처해야
한다. 고맙게도 데이터 전문가는 바로 눈앞에 사용할 수 있는 도구들을 가지고 있다! 데이터 웨
어하우스는 데이터 파이프라인의 각 단계에서 로그 데이터를 저장하기에 가장 좋은 장소다.

이 섹션에서는 에어플로우의 데이터를 저장하는 데 사용할 테이블 구조와 8장에서 정의한 데이
터 검증 프레임워크를 정의한다. 이 데이터는 나중에 파이프라인 성능 측정에 필수적인 지표를
개발하는 데 사용된다.

물론 추적 및 보고할 수 있는 다른 데이터 요소도 많다. 여기서 소개하는 두 가지 예는 기본 사항
을 다루고 데이터 인프라와 관련된 다른 추적 및 측정에 대한 영감을 줄 수 있어서 선택했다.

데이터 인프라 스키마

먼저 에어플로우에서 DAG 실행 기록을 저장할 테이블이 필요하다. 에어플로우는 데이터 파이
프라인의 각 단계를 실행하는 데 사용된다는 점을 7장에서 살펴봤다. 또한 각 DAG 실행의 기
록을 유지한다. 해당 데이터를 추출하기 전에 데이터를 로드할 테이블이 필요하다. 다음은 dag_
run_history라는 테이블에 대한 정의다. 데이터 수집 중에 데이터를 로드하는 스키마에 관계없이
데이터 웨어하우스에 생성되어야 한다.

```
CREATE TABLE dag_run_history (
  id int,
  dag_id varchar(250),
  execution_date timestamp with time zone,
  state varchar(250),
  run_id varchar(250),
  external_trigger boolean,
  end_date timestamp with time zone,
  start_date timestamp with time zone
);
```

DAG의 성능에 대한 보고 외에도 데이터 유효성에 대한 통찰력을 제공하는 것이 중요하다. 8장에서 간단한 파이썬 기반 데이터 유효성 검사 프레임워크를 정의했다. 이 장에서는 각 유효성 검사의 결과를 데이터 웨어하우스에 기록하도록 확장할 것이다. validation_run_history라는 이름의 다음 테이블은 유효성 검사 테스트 결과의 대상이 된다. 수집된 데이터가 로드되는 데이터 웨어하우스와 동일한 스키마에서 생성하는 것이 좋다.

```
CREATE TABLE validation_run_history (
  script_1 varchar(255),
  script_2 varchar(255),
  comp_operator varchar(10),
  test_result varchar(20),
  test_run_at timestamp
);
```

이 장의 나머지 부분에서는 이 두 테이블에 로드된 데이터를 채우고 사용하는 논리를 구현한다.

성능 데이터 로깅 및 수집

이제 이전 섹션에서 데이터 웨어하우스에서 생성한 두 개의 테이블을 채울 차례다. 첫 번째 테이블은 4장과 5장에서 배운 것처럼 데이터 수집 작업을 빌드하여 채워진다. 두 번째 테이블은 8장에서 처음 소개된 데이터 유효성 검사 응용 프로그램의 개선이 요구된다.

에어플로우에서 DAG 실행 기록 수집

이전 섹션에서 데이터 웨어하우스에서 생성한 dag_run_history 테이블을 채우려면 133페이지의 '아파치 에어플로우 설정 및 개요'에서 구성한 에어플로우 애플리케이션 데이터베이스에서 데이터를 추출해야 한다.

이 섹션에서는 에어플로우에서 Postgres 데이터베이스를 사용하기로 선택했으므로 다음 추출 코드는 54페이지의 'PostgreSQL 데이터베이스에서 데이터 추출'에 정의된 모델을 따른다. 에어플로우 데이터베이스에 있는 dag_run 테이블의 id 열이 자동으로 증가하기 때문에 데이터가 증분으로 로드되게 선택했다. 이 추출의 출력(예제 10-1에 정의됨)은 4장에서 설정한 S3 버킷에 업로드되는 **dag_run_extract.csv**라는 CSV 파일이다.

코드를 실행하기 전에 4장의 **pipeline.conf** 파일에 하나의 새 섹션을 추가해야 한다. 다음과 같이 7장에서 설정한 에어플로우 데이터베이스에 대한 연결 세부 정보가 포함되어 있어야 한다.

```
[airflowdb_config]
host = localhost
port = 5432
username = airflow
password = pass1
database = airflowdb
```

> **TIP 에어플로우 REST API**
>
> 이 예제에서는 에어플로우 애플리케이션 데이터베이스에서 직접 DAG 실행 기록을 수집하고 있지만 이상적으로는 API 또는 다른 추상화 계층을 통해 수집한다. 에어플로우 버전 1.x에는 파이프라인 성능 보고에 필요한 세부 수준을 지원하는 엔드포인트를 포함하지 않는, 상당히 제한적인 '실험적' REST API가 있다. 그러나 에어플로우 2.0이 출시되면서 확장적이고 안정적인 REST API를 사용할 수 있게 되었다. 에어플로우 API의 발전에 따라 향후 애플리케이션 데이터베이스보다 API에서 수집하는 것을 고려하는 것이 좋다.

예제 10-1. airflow_extract.py

```python
import csv
import boto3
import configparser
import psycopg2
```

```python
# db Redshift 연결 정보 가져오기
parser = configparser.ConfigParser()
parser.read("pipeline.conf")
dbname = parser.get("aws_creds", "database")
user = parser.get("aws_creds", "username")
password = parser.get("aws_creds", "password")
host = parser.get("aws_creds", "host")
port = parser.get("aws_creds", "port")

# redshift 클러스터에 연결
rs_conn = psycopg2.connect(
            "dbname=" + dbname
            + " user=" + user
            + " password=" + password
            + " host=" + host
            + " port=" + port)

rs_sql = """SELECT COALESCE(MAX(id),-1)
            FROM dag_run_history;"""

rs_cursor = rs_conn.cursor()
rs_cursor.execute(rs_sql)
result = rs_cursor.fetchone()

# 하나의 열과 행이 반환
last_id = result[0]
rs_cursor.close()
rs_conn.commit()

# airflow db에 연결
parser = configparser.ConfigParser()
parser.read("pipeline.conf")
dbname = parser.get("airflowdb_config", "database")
user = parser.get("airflowdb_config", "username")
password = parser.get("airflowdb_config", "password")
host = parser.get("airflowdb_config", "host")
port = parser.get("airflowdb_config", "port")
conn = psycopg2.connect(
```

```
                "dbname=" + dbname
                + " user=" + user
                + " password=" + password
                + " host=" + host
                + " port=" + port)


# 새로운 DAG 하나를 조회. 실행 중인 DAG는 무시
m_query = """SELECT
                id,
                dag_id,
                execution_date,
                state,
                run_id,
                external_trigger,
                end_date,
                start_date
            FROM dag_run
            WHERE id > %s
            AND state <> \'running\';
            """


m_cursor = conn.cursor()
m_cursor.execute(m_query, (last_id,))
results = m_cursor.fetchall()


local_filename = "dag_run_extract.csv"
with open(local_filename, 'w') as fp:
    csv_w = csv.writer(fp, delimiter='|')
    csv_w.writerows(results)


fp.close()
m_cursor.close()
conn.close()


# aws_boto_credentials 값을 로드
parser = configparser.ConfigParser()
parser.read("pipeline.conf")
access_key = parser.get("aws_boto_credentials", "access_key")
```

```
secret_key = parser.get("aws_boto_credentials", "secret_key")
bucket_name = parser.get("aws_boto_credentials", "bucket_name")

# 로컬 CSV를 S3 버킷에 업로드
s3 = boto3.client(
        's3',
        aws_access_key_id=access_key,
        aws_secret_access_key=secret_key)
s3_file = local_filename
s3.upload_file(local_filename, bucket_name, s3_file)
```

추출이 완료되면 5장에 자세히 설명한 대로 CSV 파일의 내용을 데이터 웨어하우스로 로드할 수 있다. 예제 10-2는 Redshift 데이터 웨어하우스가 있는 경우 이를 수행하는 방법을 정의한다.

예제 10-2. airflow_load.py

```
import boto3
import configparser
import pyscopg2

# db Redshift 연결 정보 가져오기
parser = configparser.ConfigParser()
parser.read("pipeline.conf")
dbname = parser.get("aws_creds", "database")
user = parser.get("aws_creds", "username")
password = parser.get("aws_creds", "password") host = parser.get("aws_creds", "host")
port = parser.get("aws_creds", "port")

# redshift 클러스터에 연결
rs_conn = psycopg2.connect( "dbname=" + dbname
            + " user=" + user
            + " password=" + password
            + " host=" + host
            + " port=" + port)

# 구성 파일에서 account_id와 iam_role를 로드
parser = configparser.ConfigParser()
parser.read("pipeline.conf")
```

```
account_id = parser.get(
                "aws_boto_credentials",
                "account_id")
iam_role = parser.get("aws_creds", "iam_role")

# Redshift로 가져오기 위해 COPY command를 실행
file_path = "s3://bucket-name/dag_run_extract.csv"

sql = """COPY dag_run_history
        (id,dag_id,execution_date,
        state,run_id,external_trigger,
        end_date,start_date)"""
sql = sql + " from %s "
sql = sql + " iam_role 'arn:aws:iam::%s:role/%s';"

# cursor 객체를 생성하고 COPY command를 실행
cur = rs_conn.cursor()
cur.execute(sql,(file_path, account_id, iam_role))

# cursor를 종료하고 트랜잭션을 저장
cur.close()
rs_conn.commit()

# 연결을 종료
rs_conn.close()
```

수집을 수동으로 한 번 실행할 수도 있지만 이 장의 뒷부분에서 설명하는 것처럼 에어플로우 DAG를 통해 나중에 이를 예약할 수 있다.

데이터 유효성 검사기에 로깅 추가

8장에서 처음 소개한 유효성 검사 테스트의 결과를 기록하기 위해 log_result라는 함수를 validator.py 스크립트에 추가한다. 스크립트는 이미 데이터 웨어하우스에 연결하여 유효성 검사 테스트를 실행하기 때문에 연결을 재사용하고 테스트 결과가 포함된 레코드를 INSERT하기만 하면 된다.

```
def log_result(
    db_conn,
    script_1,
    script_2,
    comp_operator,
    result):

  m_query = """INSERT INTO
                validation_run_history(
                  script_1, script_2,
                  comp_operator,
                  test_result,
                  test_run_at)
                VALUES(%s, %s, %s, %s,
                    current_timestamp);"""
  m_cursor = db_conn.cursor()
  m_cursor.execute(
    m_query,
    (script_1, script_2, comp_operator, result))
  db_conn.commit()

  m_cursor.close()
  db_conn.close()

  return
```

최종 수정으로 테스트가 실행된 후 새 함수를 호출해야 한다. 예제 10-3은 로깅 코드가 추가된 후 업데이트된 유효성 검사기를 전체적으로 정의한다. 추가로 유효성 검사 테스트가 실행될 때 마다 결과가 validation_run_history 테이블에 기록된다.

다음 예제에 대한 테스트 데이터를 생성하기 위해 몇 가지 검증 테스트를 실행하는 것이 좋다. 검증 테스트 실행에 대한 자세한 내용은 8장을 참조하자.

예제 10-3. validator_logging.py

```
import sys
import psycopg2
import configparser
```

```python
def connect_to_warehouse():
    # conf 파일로부터 db 연결 파라미터 가져오기
    parser = configparser.ConfigParser()
    parser.read("pipeline.conf")
    dbname = parser.get("aws_creds", "database")
    user = parser.get("aws_creds", "username")
    password = parser.get("aws_creds", "password")
    host = parser.get("aws_creds", "host")
    port = parser.get("aws_creds", "port")

    # Redshift 클러스터에 연결
    rs_conn = psycopg2.connect(
                "dbname=" + dbname
                + " user=" + user
                + " password=" + password
                + " host=" + host
                + " port=" + port)

    return rs_conn

# 두 개의 스크립트와 비교 연산자로 이루어진 테스트를 수행
# pass/fail 테스트에 대해 true/false를 반환
def execute_test(
        db_conn,
        script_1,
        script_2,
        comp_operator):

    # 첫 번째 스크립트를 실행하고 결과를 저장
    cursor = db_conn.cursor()
    sql_file = open(script_1, 'r')
    cursor.execute(sql_file.read())

    record = cursor.fetchone()
    result_1 = record[0]
    db_conn.commit()
    cursor.close()
```

```python
# 두 번째 스크립트를 실행하고 결과를 저장
cursor = db_conn.cursor()
sql_file = open(script_2, 'r')
cursor.execute(sql_file.read())

record = cursor.fetchone()
result_2 = record[0]
db_conn.commit()
cursor.close()

print("result 1 = " + str(result_1))
print("result 2 = " + str(result_2))

# comp_operator 값을 기반으로 비교
if comp_operator == "equals":
    return result_1 == result_2
elif comp_operator == "greater_equals":
    return result_1 >= result_2
elif comp_operator == "greater":
    return result_1 > result_2
elif comp_operator == "less_equals":
    return result_1 <= result_2
elif comp_operator == "less":
    return result_1 < result_2
elif comp_operator == "not_equal":
    return result_1 != result_2

return False

def log_result(
    db_conn,
    script_1,
    script_2,
    comp_operator,
    result):
  m_query = """INSERT INTO
                validation_run_history(
                    script_1,
```

```
                    script_2,
                    comp_operator,
                    test_result,
                    test_run_at)
                VALUES(%s, %s, %s, %s,
                    current_timestamp);"""

    m_cursor = db_conn.cursor()
    m_cursor.execute(
                m_query,
                (script_1,
                    script_2,
                    comp_operator,
                    result)
        )

    db_conn.commit()

    m_cursor.close()
    db_conn.close()

    return

if __name__ == "__main__":
    if len(sys.argv) == 2 and sys.argv[1] == "-h":
        print("Usage: python validator.py"
            + "script1.sql script2.sql "
            + "comparison_operator")
        print("Valid comparison_operator values:") print("equals")
        print("greater_equals")
        print("greater")
        print("less_equals")
        print("less")
        print("not_equal")

        exit(0)
```

```python
if len(sys.argv) != 5:
    print("Usage: python validator.py"
        + "script1.sql script2.sql "
        + "comparison_operator")
    exit(-1)

script_1 = sys.argv[1]
script_2 = sys.argv[2]
comp_operator = sys.argv[3]
sev_level = sys.argv[4]

# 데이터 웨어하우스에 연결
db_conn = connect_to_warehouse()

# 검증 테스트 수행
test_result = execute_test(
                db_conn,
                script_1,
                script_2,
                comp_operator)
# 데이터 웨어하우스에 테스트 로깅
log_result(
    db_conn,
    script_1,
    script_2,
    comp_operator,
    test_result)

print("Result of test: " + str(test_result))

if test_result == True:
    exit(0)
else:
    if sev_level == "halt":
        exit(-1)
    else:
        exit(0)
```

대규모 로깅

데이터 웨어하우스는 파이프라인 인프라의 성능 데이터를 저장하고 분석할 수 있는 훌륭한 장소지만 이러한 데이터를 직접 보내는 것이 항상 최선은 아니다. 이 섹션에서 설명하는 검증 테스트 결과와 같이 대용량 로그 데이터를 생성하려는 경우 먼저 Splunk, SumoLogic 또는 오픈 소스 ELK 스택[1](Elasticsearch, Logstash 및 Kibana)과 같은 로그 분석 인프라로 라우팅하는 것을 고려해보는 게 좋다. 이러한 플랫폼은 대용량의 소규모 쓰기 작업(로그 항목이 일반적임)에서 잘 수행되도록 설계된 반면, Snowflake 및 Redshift와 같은 데이터 웨어하우스는 대량 데이터 수집 성능이 더 우수하다. 로그 데이터가 이러한 플랫폼으로 전송되면 나중에 데이터 웨어하우스에 대량으로 수집할 수 있다.

대부분의 로깅 플랫폼에는 분석 및 시각화 도구가 포함되어 있다. 로그 데이터를 개별적으로 분석하고 로그를 생성하는 시스템의 운영 모니터링 및 보고에는 이러한 도구가 더 적합할 수 있다. 그러나 추가 분석을 위해 데이터 웨어하우스에 로그 데이터를 수집하고, 비로그 소스와 결합하고, 비엔지니어가 다루는 엔터프라이즈 대시보드에서 더 높은 수준의 성능 지표를 표시하는 것 역시 여전히 가치가 있다. 다행히 조직에 이미 필요한 로그 분석 인프라가 설치되어 실행 중일 수도 있다. 일반적으로 로그 분석 플랫폼은 데이터 분석 인프라를 보완하며 사용에 익숙해질 가치가 있다.

검증 테스트 실행에 대한 자세한 내용은 8장을 참조하자.

성능 데이터 변환

이제 파이프라인에서 주요 이벤트를 캡처하여 데이터 웨어하우스에 저장하고 있으므로 이를 사용하여 파이프라인 성능을 보고할 수 있다. 가장 좋은 방법은 간단한 데이터 파이프라인을 구축하는 것이다.

3장에서 소개했고 이 책 전체에서 사용한 ELT 패턴을 참조하자. 각 파이프라인의 성능을 보고하기 위한 파이프라인 구축 작업이 거의 완료되었다. 추출 및 로드(EL) 단계는 이전 섹션에서 처리되었다. 이제 변환(T) 단계만 남았다. 이 파이프라인의 경우 변환 단계는 에어플로우 DAG 실행의 데이터와 기록하기로 선택한 기타 작업을 성능 지표로 전환하는 것을 의미한다.

이어지는 섹션에서는 이 장의 앞부분에서 논의한 일부 주요 지표에 대한 데이터 모델을 생성하기 위한 변환을 정의한다.

---

1 https://www.elastic.co/kr/what-is/elk-stack

DAG 성공률

6장에서 언급했듯이 모델링하려는 데이터의 세분성을 고려해야 한다. 여기서는 각 DAG의 성공률을 일별로 측정하고 싶다고 가정한다. 이러한 세분화 수준을 통해 개별 DAG 또는 여러 DAG의 성공을 매일, 매주, 매월 또는 매년 측정할 수 있다. DAG가 하루에 한 번 이상 실행되는지 여부에 관계없이 이 모델은 성공률을 지원한다. 예제 10-4는 모델을 빌드하기 위한 SQL을 정의한다. 이것은 단순성을 위해 완전히 새로 고침 된 모델이다.

예제 10-4. dag_history_daily.sql

```
CREATE TABLE IF NOT EXISTS dag_history_daily (
  execution_date DATE,
  dag_id VARCHAR(250),
  dag_state VARCHAR(250),
  runtime_seconds DECIMAL(12,4),
  dag_run_count int
);

TRUNCATE TABLE dag_history_daily;

INSERT INTO dag_history_daily
   (execution_date, dag_id, dag_state,
  runtime_seconds, dag_run_count)
SELECT
  CAST(execution_date as DATE),
  dag_id,
  state,
  SUM(EXTRACT(EPOCH FROM (end_date - start_date))),
  COUNT(*) AS dag_run_count
FROM dag_run_history
GROUP BY
  CAST(execution_date as DATE),
  dag_id,
  state;
```

dag_history_daily 테이블에서 지정된 날짜 범위 동안 단일 또는 모든 DAG의 성공률을 측정할 수 있다. 다음은 7장에 정의된 일부 DAG 실행을 기반으로 한 몇 가지 예다. 사용자 자신의 에어플로우 DAG 실행 기록을 기반으로 한 데이터를 볼 수도 있다. dag_history_daily를 채우기 위해서는 에어플로우 데이터의 수집(이 장의 앞부분에서 정의함)을 최소한 한 번 실행해야 한다.

다음은 DAG별 성공률을 반환하는 쿼리다. 물론 지정된 DAG 또는 날짜 범위로 필터링할 수도 있다. 부분 성공률을 계산하려면 dag_run_count를 DECIMAL로 CAST해야 한다.

```
SELECT
  dag_id,
  SUM(CASE WHEN dag_state = 'success' THEN 1
      ELSE 0 END)
      / CAST(SUM(dag_run_count) AS DECIMAL(6,2))
  AS success_rate
FROM dag_history_daily
GROUP BY dag_id;
```

결괏값은 다음과 같이 나올 것이다.

```
dag_id                 |    success_rate
-----------------------+-----------------------
Tutorial               | 0.83333333333333333333
elt_pipeline_sample    | 0.25000000000000000000
simple_dag             | 0.31250000000000000000
(3 rows)
```

시간 경과에 따른 DAG 런타임 변경

시간이 지남에 따라 DAG 런타임 측정은 완료하는 데 시간이 더 오래 걸리는 DAG를 추적하는 데 자주 사용되므로 웨어하우스의 데이터가 부실해질 위험이 있다. 이 장의 마지막 섹션에서 만드는 dag_history_daily 테이블을 사용하여 각 DAG의 일별 평균 실행 시간을 계산한다.

다음 쿼리에는 성공적인 DAG 실행만 포함되지만 경우에 따라 시간 초과로 인해 실패한 장기 실행 DAG 실행에 대해 보고하고 싶을 수도 있다. 또한 지정된 DAG가 하루에 여러 번 실행될 수 있으므로 쿼리에서 이러한 DAG의 런타임을 평균화해야 한다.

마지막으로, dag_history_daily 테이블은 날짜와 dag_state별로 세분화되어 있기 때문에 runtime_seconds와 dag_run_count를 합산할 필요가 없지만 모범 사례로는 합산하는 경우가 있다. 나중에 분석가 자신 또는 다른 사람이 실패한 DAG 실행도 포함하도록 논리를 변경하기로 결정했다면 SUM() 함수가 필요한데, 쉽게 놓칠 수 있기 때문이다.

다음은 7장의 elt_pipeline_sample DAG에 대한 쿼리다.

```
SELECT
  dag_id,
  execution_date,
  SUM(runtime_seconds)
    / SUM(CAST(dag_run_count as DECIMAL(6,2)))
  AS avg_runtime
FROM dag_history_daily
WHERE
  dag_id = 'elt_pipeline_sample'
GROUP BY
  dag_id,
  execution_date
ORDER BY
dag_id,
execution_date;
```

결괏값은 다음과 같을 될 것이다.

```
 dag_id              | execution_date  | avg_runtime
---------------------+-----------------+------------
 elt_pipeline_sample | 2020-09-16      |  63.773900
 elt_pipeline_sample | 2020-09-17      | 105.902900
 elt_pipeline_sample | 2020-09-18      | 135.392000
 elt_pipeline_sample | 2020-09-19      | 101.111700
  (4 rows)
```

검증 테스트 볼륨 및 성공률

이 장의 앞부분에서 데이터 유효성 검사기에 추가한 추가 로깅 덕분에 이제 유효성 검사 테스트의 성공률과 실행된 테스트의 전체 볼륨을 측정할 수 있다.

💡 **상황에 따른 테스트 볼륨**

성공률과 테스트 볼륨 모두 모니터링할 가치가 있지만 테스트 볼륨을 상황에 맞게 조정할 것을 제안한다. 이에 대한 세부 사항은 이 장의 범위를 벗어나지만 일반적으로 실행되는 유효성 검사 테스트 수는 실행되는 DAG 작업수에 비례해야 한다. 즉, 파이프라인의 각 단계를 테스트하고 있는지 확인해야 한다. 파이프라인 단계에 대한테스트의 적절한 비율은 얼마일까? 이는 단계가 얼마나 복잡한지에 따라 다르다. 간단한 수집 단계에서는 중복 행을 확인하기 위해 단일 테스트가 필요할 수 있지만 일부 변환 단계는 다양한 상황별 오류를 확인하기 위해 여러테스트를 수행할 가치가 있다.

예제 10-5는 각 유효성 검사기 테스트의 결과를 일일 단위로 계산하고 저장하는 validator_summary_daily라는 새로운 데이터 모델을 정의한다.

예제10-5. validator_summary_daily.sql

```
CREATE TABLE IF NOT EXISTS validator_summary_daily (
    test_date DATE,
    script_1 varchar(255),
    script_2 varchar(255),
    comp_operator varchar(10),
    test_composite_name varchar(650),
    test_result varchar(20),
    test_count int
);

TRUNCATE TABLE validator_summary_daily;

INSERT INTO validator_summary_daily
    (test_date, script_1, script_2, comp_operator,
    test_composite_name, test_result, test_count)

SELECT
    CAST(test_run_at AS DATE) AS test_date,
```

```
  script_1,
  script_2,
  comp_operator,
   (script_1
    || ' '
    || script_2
    || ' '
    || comp_operator) AS test_composite_name,
  test_result,
  COUNT(*) AS test_count
FROM validation_run_history
GROUP BY
CAST(test_run_at AS DATE),
script_1,
  script_2,
  comp_operator,
  (script_1 || ' ' || script_2 || ' ' || comp_operator),
test_result;
```

validator_summary_daily를 생성하는 논리는 매우 간단하고 그 안에 test_composite_name 열을 호출하는 것이 좋다. 각 유효성 검사 테스트에 대해 고유한 이름이 없는 경우(고려할 가치가 있는 개선 사항), test_composite_name은 테스트에 대한 두 스크립트와 연산자의 조합으로 이루어진다. 유효성 검사 테스트 실행을 그룹화하는 데 사용할 수 있는 복합 키로 작동한다. 예를 들어 다음은 각 테스트가 통과하는 시간의 백분율을 계산하는 SQL이다. 물론 이것을 일, 주, 월 또는 원하는 다른 시간 범위로도 볼 수 있다.

```
SELECT
  test_composite_name,
  SUM(
    CASE WHEN test_result = 'true' THEN 1 ELSE 0 END)
    / CAST(SUM(test_count) AS DECIMAL(6,2))
  AS success_rate
FROM validator_summary_daily
GROUP BY
  test_composite_name;
```

결괏값은 다음과 같이 나올 것이다.

```
test_composite_name        |      success_rate
---------------------------+--------------------
sql1.sql sql2.sql equals   | 0.33333333333333333
sql3.sql sql4.sql not_equal| 0.75000000000000000

(2 rows)
```

테스트 실행 볼륨의 경우 날짜, 테스트 또는 둘 다를 기준으로 볼 수 있다. 앞서 언급했듯이 상황에 따라 이 값을 유지하는 것이 중요하다. 파이프라인의 수와 복잡성이 증가함에 따라 이 방법을 사용하여 파이프라인 전체에서 데이터의 유효성을 계속 테스트할 수 있다. 다음 SQL은 날짜별 테스트 횟수와 성공률을 모두 생성한다. 이것은 이중 y축 꺾은 선형 차트 또는 이와 유사한 시각화에 표시할 수 있는 데이터세트다.

```
SELECT
  test_date,
  SUM(
    CASE WHEN test_result = 'true' THEN 1 ELSE 0 END)
    / CAST(SUM(test_count) AS DECIMAL(6,2))
  AS success_rate,
  SUM(test_count) AS total_tests
FROM validator_summary_daily
GROUP BY
  test_date
ORDER BY
  test_date;
```

결괏값은 다음과 같이 나올 것이다.

```
test_date  |      success_rate       | total_tests
-----------+-------------------------+------------
2020-11-03 | 0.33333333333333333333  |      3
2020-11-04 | 1.00000000000000000000  |      6
2020-11-05 | 0.50000000000000000000  |      8

(3 row)
```

성능 파이프라인 조정

이전 섹션의 코드를 사용하여 새 에어플로우 DAG를 만들어 파이프라인 성능 데이터를 수집하고 변환하는 파이프라인을 예약하고 오케스트레이션할 수 있다. 후진적인 방향으로 느껴질 수 있겠지만 이러한 유형의 작업에 대해 기존 인프라를 사용할 수도 있다. 이는 가동 시간 모니터링이나 파이프라인에 대한 경고와 같은 미션 크리티컬한 것이 아니라 통찰력에 중점을 둔다. 두 가지 작업을 동일한 인프라에서 수행해서는 안 된다.

DAG의 성능

이 장에 정의된 모든 단계를 조정하는 DAG는 7장의 예를 기반으로 하면 친숙해 보일 것이다. 예제 10-3에 따르면 유효성 검사 테스트의 결과가 이미 데이터 웨어하우스에 로깅되고 있다. 즉, 이 파이프라인에는 몇 가지 단계만 더 있으면 된다.

1. 에어플로우 데이터베이스에서 데이터를 추출한다(예제 10-1 참조).

2. 에어플로우 추출에서 웨어하우스로 데이터를 로드한다(예제 10-2 참조).

3. 에어플로우 히스토리를 변환한다(예제 10-4 참조).

4. 데이터 유효성 검사 기록을 변환한다(예제 10-5 참조).

예제 10-6은 에어플로우 DAG의 소스이며 그림 10-1은 DAG를 그래프 형식으로 보여준다.

그림 10-1. Pipeline_performance DAG의 그래프 보기

예제 10-6. pipeline_performance.py

```python
from datetime import timedelta
from airflow import DAG
from airflow.operators.bash_operator \
    import BashOperator
from airflow.operators.postgres_operator \
    import PostgresOperator
```

```python
from airflow.utils.dates import days_ago

dag = DAG(
    'pipeline_performance',
    description='Performance measurement pipeline',
    schedule_interval=timedelta(days=1),
    start_date = days_ago(1),
)

extract_airflow_task = BashOperator(
    task_id='extract_airflow',
    bash_command='python /p/airflow_extract.py',
    dag=dag,
)

load_airlflow_task = BashOperator(
    task_id='load_airflow',
    bash_command='python /p/airflow_load.py',
    dag=dag,
)

dag_history_model_task = PostgresOperator(
    task_id='dag_history_model',
    postgres_conn_id='redshift_dw',
    sql='/sql/dag_history_daily.sql',
    dag=dag,
)

validation_history_model_task = PostgresOperator(
    task_id='validation_history_model',
    postgres_conn_id='redshift_dw',
    sql='/sql/validator_summary_daily.sql',
    dag=dag,
)

extract_airflow_task >> load_airlflow_task
load_airlflow_task >> dag_history_model_task
load_airlflow_task >> validation_history_model_task
```

성능 투명성

프로덕션 파이프라인 및 데이터 검증 테스트의 성능을 측정하기 위한 파이프라인이 작동하는 경우 마지막으로 명심해야 할 사항이 있다. 결과로 얻은 통찰력을 데이터 팀 및 이해 관계자와 공유하는 것이다. 파이프라인 성능의 투명성은 이해 관계자와의 신뢰를 구축하고 팀에 대한 주인의식과 자부심을 형성하는 데 중요하다.

다음은 이 장 전체에서 생성된 데이터와 통찰력을 활용하기 위한 몇 가지 팁이다.

시각화 도구 활용

생성한 데이터 모델의 지표를 이해 관계자가 사용하는 것과 동일한 시각화 도구에서 액세스할 수 있게 한다. Tableau, Looker 또는 이와 유사한 제품이 있을 것이다. 그것이 무엇이든 이해 관계자와 팀이 매일 가는 곳인지 확인한다.

요약된 지표를 정기적으로 공유

이메일, 슬랙 또는 팀과 이해 관계자가 확인할 수 있는 기타 장소를 통해 적어도 매달(매주까지는 아니더라도) 요약된 지표를 공유한다.

현재 가치뿐만 아니라 추세를 관찰

공유하는 시각화 대시보드와 요약 지표 모두에서 각 지표의 최신 값만 공유하지 않는다. 시간 경과에 따른 변화도 포함하고 긍정적인 경향만큼 부정적인 경향도 자주 지적한다.

트렌드에 대응

측정항목의 추세를 공유하는 것은 단지 보여주기 위한 것이 아니다. 대응하고 개선할 수 있는 기회다. 검증 테스트가 전월보다 더 높은 비율로 실패한다면 그 이유를 알아보고, 변경하고, 미래 추세를 관찰하여 작업의 영향을 측정한다.

저자 소개

제임스 댄스모어(James Densmore)

제임스 댄스모어는 Hub-Spot의 데이터 인프라 디렉터이며, Data Liftoff의 창립자이자 수석 컨설턴트다. Wayfair, O'Reilly Media, HubSpot 및 Degreed에서 데이터 팀을 이끌고 데이터 인프라를 구축한 10년 이상의 경험이 있다. 그는 노스이스트 대학에서 컴퓨터 공학 학사 학위를, 보스턴 칼리지에서 MBA를 취득했다.

표지에 대해

데이터 파이프라인 포켓북의 표지에 있는 새는 흰눈썹꼬리치레(Pomatostomus superciliosus)다. 'superciliosus'라는 단어는 새의 가장 두드러진 특징을 나타내는 라틴어 supercilium 또는 눈썹에서 유래했다.

흰눈썹꼬리치레는 흰 눈썹과 흰 목을 가지고 있다. 이들의 깃털은 회갈색에서 짙은 갈색까지 다양하다. 긴 꼬리와 짧은 날개를 가지고 있으며 길이가 6~8인치인 호주의 꼬리치레 종 중 가장 작다. 이 꼬리치레는 곤충, 갑각류, 과일, 씨앗 및 견과류를 먹기 위해 호주 남부의 삼림 지대에서 대부분의 시간을 보낸다.

대부분의 새와 달리 흰눈썹꼬리치레는 두 개의 둥지를 만든다. 이 새들은 매우 사교적이어서 큰 무리로 아주 큰 소음을 만들어내고, 그런 이유로 호주인들은 그들을 수다쟁이(chatter), 꽥꽥이(cackler), 야후(yahoo)라고 부르기도 한다.

흰눈썹꼬리치레는 세계자연보전연맹(IUCN)에서 최소 관심 등급을 받았다. O'Reilly의 표지에 있는 많은 동물이 멸종 위기에 처해 있다. 우리 세계에서 그들 모두는 중요하다.

표지 삽화는 카렌 몽고메리(Karen Montgomery)의 흑백 백과사전 자연사 판화를 기반으로 한다. 표지 글꼴은 길로이 세미볼드(Gilroy Semibold)와 가이언 샌스(Guardian Sans)이다. 텍스트 글꼴은 Adobe Minion Pro, 제목은 Adobe Myriad Condensed, 코드는 Dalton Maag의 Ubuntu Mono이다.